戦国武将と戦国姫の失敗学

乱世での生き抜く術と仕舞い方

加来耕三

日経BP

はじめに

日本史における大きな（取り返しがつかない）失敗に、もしも原理・原則や法則性といったものがあるとすれば、古代→中世→近世→近代→現代と流れてきた歴史＝時勢を読み違えたこと、が考えられる。

一番まずいのが、旧態依然のまま、何もしないで日々を過ごすこと。変化を恐れ、これまで定められてきたことのみを疑わず、家憲や家訓を後生大事に抱え、目をひらいて現実をみようとしないこと。

あるいは、目はあけてはいるものの、見ているふりをしたり、色メガネで見て解釈するのも同断である。現代でいえば、スマホ（スマートフォン）の膨大な情報を目に映しているだけで、データを読み解き、分析し、自分流に考えたと思い込むこと。

これは、何の役にもたたない。

どうすれば、無意味を実証できるか——ときの話題を、同僚と議論してみるといい。

自分の目で見て、自分の頭で考え、咀嚼《そしゃく》（よく考えて正しい意味を理解すること）のできていない人は、おそらく討論できまいし、ましてや勝てまい。なぜ、できないか。情報をスマホで読んでいるのではなく、読んだふりをしていたにすぎないからである。

次によくあるのが、本末転倒――逆流を目指してしまうこと。

戦国時代でいえば、応仁《おうにん》の乱を経験し、乱世の人々が「下剋上《げこくじょう》」の時流に乗っているにもかかわらず、守護大名の家に生まれた人物が、「現代」を読み違え（あるいは理解できず）、戦国の世に諍《あらが》って、自家を再興しようとすれば、その人物がいかに優れていても、時勢の奔流《ほんりゅう》からは手痛いしっぺ返しを受けることになる。

なぜならば、歴史は逆流をしないからだ。古代→中世→近世→近代→現代ときた流れが、再び古代を目指すことはあり得ない。

自己主張や目的地の設定ミスも、滅亡につながる本道といえるように思う。

いかに立派な理想でも、現代から未来へ向けて可能性のあるものでなければ、時勢の壁に遮《さえぎ》られ、跳ね返されてしまうだろう。戦国時代にも、そうした人物は少なくなかった。

時流に逆らってはいけない。否、時流を見誤ってはいけない。

多くの失敗は、現実が見えていないことによって起きていた。

――「轍鮒《てっぷ》の急《きゅう》」という言葉が、『荘子《そうじ》』に出ている。

車の轍《わだち》(車の跡)にできた、ほんのわずかな水たまりに迷い込んでしまった鮒《ふな》は、いまにも水が渇《か》れて死ぬ運命にある。きわめて厳しい、苦しい運命がせまっていることのたとえだが、人は水が渇れはじめるまで、自らが〝轍鮒〟であることに気がついていない。もう少し早く、できれば轍に迷い込む前に、その可能性を知ることができれば、鮒は次のように怒り、悲嘆にくれることはなかったろう。

「後日の多くの水をもらうより、いま一滴の水がほしいのだ。それができなければ私は死ぬから、乾物屋にでも行って、私をさがしてみるといい」

〝轍鮒〟に「敗に因《よ》って成《せい》を為《な》す」(劉琨《りゅうこん》の言・失敗を転じて、成功とする)は間に合うだろうか。

筆者は歴史にこそ、人生の道標《みちしるべ》を学ぶべきだと思う。そういえば、〝相場の神様〟といわれた山崎種二《やまざきたねじ》・山種《やまたね》証券(現・SMBC日興証券)の創業者が次のように言っていた。

相場で成功する初歩的な、そして最も確実なコツは、相場の大きな流れを知ることにある。それが、勝機に買って出れば、あるいは逆に上げから下げに変わったとき、すかさず売って出れば、どんな未熟な人であろうと、資金が少なかろうと、多少銘柄の選択をあやまったとしても、儲けの大小は別にして、必ず成功するといって間違いない。

まさに、その通りであろう。

本書は長くご好評をいただいている『歴史の失敗学　25人の英雄に学ぶ教訓』、それにつづく『渋沢栄一と明治の起業家たちに学ぶ　危機突破力』、『鎌倉幕府誕生と中世の真相歴史の失敗学2――変革期の混沌と光明』につづくものである。

したがって、テーマをもって登場する人物の重複は、極力さけた。

また読者諸氏により読みやすく、より印象深く、戦国武将や戦国姫を覚えていただくために、これまでと同様に日本画家・中村麻美《まみ》先生に挿絵をお願いした。

くり返しての本書執筆の機会を与えて下さった、日経BPの田中淳一郎氏にも、この場を借りて心よりお礼を申し述べます。

本書が転《ころ》ばぬ先の杖、「仮想演習」の参考となることを念じつつ――。

令和五年　秋晴吉日　東京・練馬の羽沢にて

加来耕三

目次

第二章

第三章 現代にも通ずる失敗と成功の分岐点……147

第四章 〝強い思い〟の曲直是非

第一章

時代の激変をどう読むべきだったか

戦場で勝ち、時勢を読めずに敗れた　武田信虎

世に隠れた名将

後世に語り継がれる甲斐《かい》（現・山梨県）の国主（守護《しゅご》大名）・武田信虎《のぶとら》（信玄《しんげん》の父）の像は、世の信玄びいきの反動であろう、史実か創作かを吟味されぬまま、一方的に暴君、人非人《にんぴにん》と決めつけられてきた。

しかし、その実像は、下剋上《げこくじょう》の嵐が吹き荒れる中、守護という旧権威を守り、戦国大名に衣更《ころもが》えした、真に名将の名にふさわしい人物であり、筆者は合戦の巧者としては戦国期、五本の指に入れてもおかしくない、とまで考えてきた。

屈指の武将なるも、旧来の守護大名から「戦国大名」に転身できず、
国を追われた武田信虎

応仁《おうにん》の乱（一四六七～一四七七）以降、下剋上の中、室町幕府の守護・武田家は、命脈を保つのが難しい有様で、信虎の父、甲斐武田氏十五代の信縄《のぶつな》は、一時期、自らの館《やかた》を再建する力もなく、守護という名跡の武田家の宗家とはいいながらも、その支配地は、東は万力《まんりき》（現・山梨県山梨市万力）から西は川田《かわだ》（現・山梨県甲府市川田町《こうふしかわだまち》）のはずれまで、直線距離にして約三里（十二キロメートル）の中だけであった。

しかも武田氏一族が、信縄と弟・油川信恵《あぶらかわのぶしげ》の間で家督争いをしていたのは、甲府盆地の一地域でしかない。かつて守護の支配領域であったはずの、その他の地域——郡内《ぐんない》、西郡《にしごおり》、逸見《へみ》、武川《むかわ》筋などは、すでに武田氏の力のおよばない特殊な不干渉地帯となっていた。

そこには中立派の国人《こくじん》・土豪《どごう》（独立豪族）たちが盤踞《ばんきょ》（土地を支配して、勢力をふるう）していて、各々、力を誇示していたのである。

信縄は、領土をそれら国人・土豪たちに横領されても、兵を出して鎮圧することもできなかった。こうした累卵の危機の中で、わずか十四歳の信虎が国主を継いだ。

もし、彼の活躍がなければ、そもそも武田信玄の出番もなかったに違いない。

以来、守護家の生き残りをかけて、信虎は国内の反対勢力と戦うことになる。

ときに奇襲し、ときに和睦《わぼく》を求め、信虎は相手を油断させ、寡兵《かへい》で大軍を破る戦術で、

■武田信虎の父・信縄時代の支配地（甲斐国）

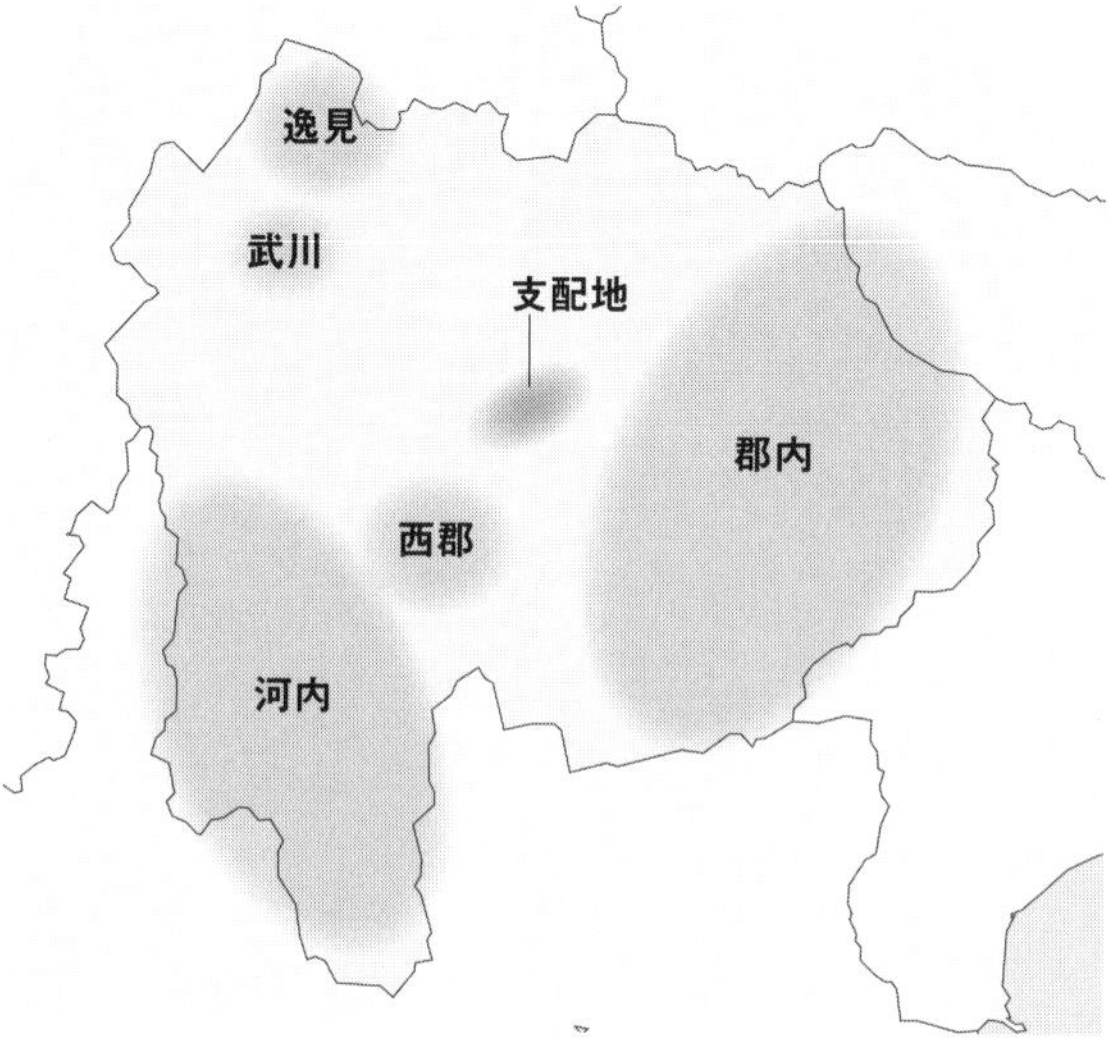

反対派を各個撃破していった。

その活躍の成果が、石和《いさわ》の居館（現・山梨県笛吹市）から、現在の甲府市古府中町《こふちゅうまち》に彼が建設して移った、「躑躅ケ崎館《つつじがさきやかた》」であったといえる。

――大永《たいえい》元年（一五二一）九月、その信虎に未曾有の危機が訪れた。

駿河《するが》（現・静岡県中部）と遠江《とおとうみ》（現・静岡県西部）に勢力を保有する今川氏親《いまがわうじちか》の部将・福島正成《くしままさなり》（まさしげ、とも）の率いる二カ国の連合軍一万五千（実数は七千程度か）が、突如、富士川を北上して甲斐へ進攻を開始したのである。

正成は、瞬く間に甲斐南部を制圧。

十月十五日の早朝には、府中（甲府）へ進撃をはじめたが、迎え討つべき信虎の兵力は、懸命にかき集めても二千に満たなかった。

もしも、正成の軍勢がそのまま、怒濤のように正攻法で躑躅ヶ崎館へ押しよせていれば、信虎はひとたまりもなく押し潰されたであろう。

そうなれば日本史は、ここで大きく方向を変えたともいえる。

だが信虎は怯《ひる》まず、慌てもしなかった。冷厳に、あくまで理詰めで、この最低最悪の状況分析を行い、圧倒的な不利を奇襲攻撃で有利に逆転させるべく、心を砕いた。胆力といってよい。敵は数に驕《おご》って、間違いなく油断している。その証左が、翼をひろげたように横へ延びる陣型をとっていることであった。

信虎は果断にも、その中央を錐《きり》でもむように、突破した。弓を射かけ、投石を行い、二千人を死に物狂いに働かせて、見事に今川勢の陣型を突き破った。

陣を支えられず、鳥の翼をへし折られたような恰好となった正成は、本陣を退却させたが、戦死傷者は後を絶たない有様となる。まさかの敗戦に、正成は血相を変え、頭に血をのぼらせたまま、数をたのんで一気に、躑躅ヶ崎館を二方向から挟撃、包囲する作戦に出た。信虎の凄味《すごみ》は、この正成の動きを的確に予測していたところにもあった。

敵が分散したところを逆に利用し、十一月二十三日、上条河原《かみじょうがわら》（現・甲斐市島上条《しまかみじょう》）へ駒を進め、一気に雌雄を決すべく夜襲戦に打って出た。兵数が違いすぎる。それしか手はなかったろう。

この一戦で、地形に疎《うと》い今川勢は再び不意を衝《つ》かれ、六百人以上の戦死者と四千人を上回る負傷者を出し、ついには主将正成の首級《しるし》もあげられてしまった。

蛇足ながら、正成の遺児・綱成《つなしげ》は、のちに北条氏綱《ほうじょううじつな》の娘婿となり、世に名高い河越城《かわごえじょう》（現・埼玉県川越市）の夜戦――そのとき河越城将をつとめ、大活躍をすることになる。

たった一つの失敗

さて、「福島乱入事件」である。ひとり信虎の卓抜した将帥《しょうすい》によって、甲斐国は奇跡的な勝利を飾った。巧妙な戦陣、地形を活かした戦法、中央突破の戦術思想と果敢な行動、どれをとってもこの時代、信虎は戦国日本でも屈指の名将であったに相違ない。この大勝利によってはじめて、揺らぎに揺らいでいた甲斐国は、名実共に統一されたといえる。

その信虎が、二十一歳となった嫡子晴信《はるのぶ》（のち信玄）を担いだ国人・土豪連合軍に、国外へ追われてしまった。今川義元《よしもと》の許へ預けられ、再び甲斐の地を踏むことはなかった。

信虎は何を失敗したのだろうか。このとき四十八歳の彼は、気力・体力にも恵まれていた。内戦終結後の外戦に転じても、信虎は連戦連勝している。にもかかわらず、の武装政権奪取《クーデター》であった。

どうやらその原因は、部将＝国人・土豪の不平不満――彼らの人心を摑《つか》みきれなかったこと――にあったようだ。外戦して勝利しても、信虎はその報酬を部将たちにわけようとはせず、当然のように己れの勢力拡大に加えていった。彼は実力で甲斐を制したはずなのに、意識は戦国大名ではなく守護大名のまま。

下剋上の洗礼を受けた国人・土豪は、それに納得していなかった。

天文《てんぶん》（てんもん、とも）十年（一五四一）、信州小県郡《しんしゅうちいさがたこおり》（現・長野県東部）に出陣した信虎は、海野《うんの》一族を相手に連戦連勝。甲斐の国人・土豪をも従え、五月十三日には尾山《おのやま》（現・長野県上田市）、翌日には海野平《うんのだいら》（現・長野県東御市《とうみ》）を攻略している。

とりわけ海野平の合戦では、海野棟綱《むねつな》やその一族を称する真田幸隆《さなだゆきたか》（幸綱《ゆきつな》とも、信綱《のぶつな》・昌輝《まさてる》・昌幸《まさゆき》三兄弟の父）を攻め潰し、彼らは助勢にきていた関東管領《かんとうかんれい》の山内《やまのうち》上杉憲政《のりまさ》をたよって、上州《じょうしゅう》（現・群馬県）へ落ちのびる有様であった。

この大勝利の帰り――女婿《むすめむこ》ともなっていた今川義元のもとを訪ねた信虎は、甲斐・駿河の国境を両家に封鎖され、そのまま二度と甲斐国の地を踏むことはできなかった。

世上、クーデターの首謀者とされたのは嫡子晴信であったが、筆者はこのクーデターを仕組んだのは晴信ではなく、その傅役《もりやく》でもあった板垣信方《のぶかた》を中心とする、国人たちであった、と断じてきた。

この前年、『高白斎記《こうはくさいき》』（武田氏の重臣・駒井高白斎政武《こまいこうはくさいまさたけ》を原著者に、後世、編集したとされる記録史料）は、

「春夏大疫《たいえき》（大流行病）、人多死《ひとおおくしす》」

と記している。度重なる外戦に国力は疲弊《ひへい》し、おりからの天災で社会不安が甲斐国に、ひときわ蔓延《まんえん》していた。当時の記録は、一様に信虎の追放を歓迎している。

『塩山向嶽禅庵小年代記《えんざんこうがくぜんあんしょうねんだいき》』（塩山向嶽寺の住職による年代記で、戦国期の甲斐国研究における基本史料の一つ）には、次のようにあった。

「信虎ノ平生《へいぜい》悪逆無道ナリ。国中ノ人民牛馬畜類《ちくるい》共ニ愁悩《しゅうのう》セリ。然《しか》ルニ駿州《すんしゅう》大守義元、信虎ノ女《むすめ》ヲ娶《めと》り、之《これ》ニ依《よ》リ辛丑《しんちゅう》（天文十年）六月中旬、駿府ニ行ク。晴信（信玄）、万民ノ愁《うれい》ヲ済《すく》ハント欲シ、足軽ヲ河内境《かわうちざかい》（峡南《きょうなん》＝甲府盆地南部）ニ出シ、ソノヲ断チ、位ニ即《つ》キ

国々ヲ保ツ。人民悉《ことごと》ク快楽ノ咲《ワラ》（笑）ヒヲ含ム」（筆者書き下す）

しかし、右の内容はそのままには信じられない。当然のことながら、政権交代者は前任者を悪くイメージづけることに、気を配らねばならないものだ。

それにしても、と残念でならない。おそらく戦国時代を通じて、信虎は合戦巧者の五指に入るべき武将であった。それでいて下剋上の時勢と、この時代の人心が読み切れなかったかと思うと、そこに守護大名家に生まれた者の、限界をみる思いがした。

神輿《みこし》に担《かつ》がれた息子の信玄は、この父を反面教師として、〝信玄堤〟に代表される治水工事で領民の信頼を得て、一方で『甲州法度之次第《こうしゅうはっとのしだい》』を設け、自ら守護の座を降り、〝甲斐共和国〟の一員として、国人・土豪の中に溶け込み、その人心を収攬《しゅうらん》するべく懸命に努力した。それが功を奏して、カリスマ性を増した晩年の彼は、父以上の名将の名をほしいままにする。けれども一方で、信虎は生きつづけていた。

彼は、息子・信玄の死後、六男（三男、四男とも）の信廉《のぶかど》を頼って信濃高遠《しなのたかとお》（現・長野県伊那《いな》市）に赴《おもむ》き、天正《てんしょう》二年（一五七四）三月、同地で八十一歳の生涯を終えている。

孫の勝頼《かつより》が武田家を滅亡させたのは、それから八年後のことであった。

信長に勝てたのに、自滅してしまった朝倉義景の失策

スタート時点にすでにある滅亡の因子

「天の歴数《れきすう》、汝《なんじ》の躬《み》に在《あ》り」（中国の古典『書経《しょきょう》』）

天運は、あなた自身にもとから備わっている――との意だが、戦国武将・朝倉義景《あさくらよしかげ》は、この言葉をその身につけた高い教養をもって、家督を相続したおりに、噛《か》みしめるべきであった。

義景が国主をつとめた越前国《えちぜんのくに》（現・福井県中北部）は、四代前の朝倉孝景《たかかげ》（はじめ教景《のりかげ》、次いで敏景《としかげ》・号して英林宗雄《えいりんそうゆう》）が、国内を実力で統一。覇府を一乗谷《いちじょうだに》（現・福井県福井市

城戸ノ内町《きどのうちちょう》）に置いて、揺るぎのない北の大国を、一代にして築きあげた。

十一年におよんだ応仁・文明《ぶんめい》の乱が終息したのは戦局上、山名宗全《やまなそうぜん》（諱《いみな》は持豊《もちとよ》）の西軍に荷担していた孝景が、東軍の細川勝元《ほそかわかつもと》に「越前守護にしてやる」との約束を取りつけ、東軍に寝返ったからだ、といわれている。

自らの軍才を知り、的確に時勢を読み、勝負所を誤ることのなかった孝景は、時代を超えて、まさに創業者の鑑《かがみ》といってよかったろう。

けれども彼は、たった一つだけ失敗をしてしまった。孝景は自ら苦労した経験から、完璧なまでの構想力を持ち、あまりにも見事に一国を支配するシステムを構築してしまった。その言語化が、『朝倉家之拾《じゅう》七ヶ条』である（『朝倉英林壁書《かべがき》』『朝倉孝景十七箇条』『朝倉孝景条々《じょうじょう》』とも）。

第一条で宿老を家柄ではなく、本人の能力と忠節心で登用せよ。と述べ、第二条では役職を世襲してはならないことを定め、第三条では天下泰平でも遠近の国々に目付《めつけ》を配置して、状況を見聞する必要があることを説いている。

第四条では高額な名刀を求めるなら、安価な鑓《やり》をその分、購入せよ。第五条では娯楽の猿楽《さるがく》は大和《やまと》の座（大和国〈現・奈良県〉発祥の四座をはじめとする猿楽・能楽）を呼ばず、

名門、かつ大きな経済力を持っていた朝倉義景は、
新興勢力・織田信長に討ち滅ぼされる

才能のある自国の者を習わせよ、そのほうが後世のためにもよい、と。また、城内で〝夜能《よのう》〟を面白がるな（警備が手薄となるため）、とクギもさしている。

第六条には、良い馬や鷹《たか》を購入するな、他者から贈られたら、それも三年たったならば他家へやってしまえ、とある。第七条では富があっても立派で華やかな衣装で身を飾るな、貧しい身なりでは出仕しづらくなるから注意せよ、といい、いちいち、ごもっともなことがつづられていく。

第八条には家臣の評価基準が述べられているが、身体《からだ》つきが劣っていても勇敢な者には情けをかけよ、臆病で勇気のない者でも、体格が立派で印象のよい者は供や使《つかい》に役立つ、といい、「両方欠けている者は、扶持《ふち》しても（養っても）無駄だ」と断じている。

第九条では、よく奉公する者とそうでない者を同じ処遇にしてはならない、と念を押し、第十条では右筆《ゆうひつ》（重要な手紙を書く者）に他国の者を使ってはならないと述べている。

第十一条では人材の確保をうたい、第十二条で合戦に吉日も悪い日もない、占《うらない》は信じるなとある。

第十三条には能力があり正直な者に、領内を年間三度、見回らせて民百姓の評判を聞け、というものもあった。第十四条で国内に城郭を造ることを禁止。第十五条で寺院や町家の巡検について、第十六条は裁判の公正を説いていた。

極めつけが、「末文《まつぶん》」であろう。条文をおろそかにすると朝倉の家はつづかず、後悔は先に立たない、と擱筆《かくひつ》（筆を置く）していた。よくできた分国法であった、といってよい。

そのため、つづく国主たちは代々、何も考えず、工夫することもなく、自らの存在を省みることなく生き、そのまま死んでいった。

朝倉家は十一代義景で滅亡するが、その発端となる要因は、すでにこのとき胚胎《はいたい》していた（孕《はら》んでいた）ように、筆者には思えてならない。

完璧な家訓を無条件で受け入れ、少しずつ変化する日常に気づかず、疑問を持たず、家訓に合わない現実は「見て見ぬふり」をして、意識の端へ追いやり、隠蔽《いんぺい》してしまう。

なにやらこの家は、輝かしいブランド企業がその看板の裏で、旧態依然のまま、危険な膨張をつづけ、長年にわたって改竄《かいざん》や不正をくり返し、「巨大な組織ほど腐敗している」を地でいくような不祥事を、くり返し起こすさまとダブって見えてくる。

守勢では維持できない乱世

それでも、戦国乱世に突入した越前国が、別天地のような泰平の世を謳歌できたのは、孝景の遺した「十七箇条」を一人忠実に守り、歴代の当主に仕えた奇跡のような補佐役・朝倉教景《のりかげ》（号して宗滴《そうてき》）がいたからであった。

宗滴は、朝倉家興隆の初代（系譜上は七代）孝景の末子《ばっし》であり、天下に武名を轟《とどろ》かせていた。

もっとも、天文二十四年（一五五五）の九月には、七十九歳の老体に鞭《むち》打って出陣し、ついには八十二歳で陣中に没している。

「武者は犬とも言え、畜生とも言え、勝つ事が本《ほん》にて候」（『朝倉宗滴話記《わき》』第十条）

とある通り、宗滴は朝倉家を軍事面で支えた重鎮であった、といえる。

その宗滴が、意外なことを述べていた。

「功者の大将と申《もうす》は、一度大事の後《おくれ》に合《あい》たるを申す可《べ》く候。我々は一世の間、勝合戦《かちかっせん》ばかりにて、終《つい》におくれ（敗戦）に合はず候間、年寄候へども、功者にては有間敷《あるまじく》候事」（右第四十三条）

つまりは、「自分は勝ちっぱなしで来たので、歳はとったけれども、名将にはなれなかった」と彼は述懐していたことになる。

換言すれば、名将となるには一度、大敗北を経験しなければならない、というのだ。大敗北を喫して猛省し、大きな勝利を摑む——言わんとすることは理解できたが、問題は発言者の宗滴が、一生負けなしの人であったことだ。そのため、説得力がなかった。

十八歳で初陣を勝利で飾り、勝ちつづけたまま、彼はこの世を去った。

義景の親政は、いわば宗滴の死後となるわけだが、当初、朝倉家は微動だにしなかった。

なぜか、朝倉家は海運の主流、日本海側の要衝・敦賀湊《つるがみなと》（現・福井県敦賀市）を押さえていたからだ。その莫大な財力は、比叡山延暦寺《ひえいざんえんりやくじ》の僧兵たちの金主《きんしゅ》をつとめるほどで、当然のごとく越前国主に巨富をもたらした。武備にも、怠りはなかった。

もしも義景にその気があれば、北陸路を南下し、誰よりも早く、京の都に朝倉氏の旗を翻すことができたに違いない。だが、彼は天下に覇権を示すより、応仁の乱以降、荒廃した京都を越前に移植し、都を一乗谷に再現しようと考えた。

これも一つの方法論ではあったが、乱世における守勢と受けとられかねず、覇気のない分、自他共に、朝倉家は天下取りの野心を持たないことを表明していたようなもの。

室町幕府の十五代将軍候補・足利義昭《あしかがよしあき》（当時は義秋《よしあき》）が懸命に、越前を頼ってきても、義景は大いに歓待はしたものの、自ら手助けしての上洛《じょうらく》にはいたらず、一歳年下の尾張《おわり》（現・愛知県西部）の織田信長《おだのぶなが》に、都入りの名誉を横取りされてしまう。

それどころか信長は、擁立した将軍義昭の名で義景に上洛を命じ、義景が信長の出自――越前の織田劔神社《おたつるぎ》（現・福井県越前町）の神主――を低く見てこれを拒むと、永禄《えいろく》十三年（一五七〇・この年の四月二十三日に「元亀《げんき》」と改元）四月、信長は三河《みかわ》国（現・愛知県東部）の徳川家康《とくがわいえやす》ほかを誘い、三万の軍勢を京へ参集させる。

信長は最初から、朝倉氏を討つつもりでいた。

連合軍は琵琶湖の西方から湖北へ急ぎ、越前敦賀へ一気に侵入すると、朝倉方の天筒山《てづつやま》城（現・敦賀市）を攻撃した。難なくこれを抜くと、さらに金ケ崎《かねがさき》城（現・敦賀市）に殺到する。

――文字どおり、破竹の勢いであった。

敦賀の平野に突如、数万の織田連合軍が現れ、朝倉家ははじめて事態の重大さに色めき立った。否、異様なまでに狼狽《ろうばい》した。

このままでは、都城一乗谷は旬日《じゅんじつ》を経ずして陥落してしまう。なにしろ、その前衛たる金ヶ崎城は、たったの一日で落城したのであるから。

にもかかわらず、義景をはじめ重臣たちには危機感が薄く、初代孝景の栄光が自分たちを守ってくれる、とでも思い込んでいたものか、義景はすぐさま出陣せず、周囲にせきたてられて出陣したものの、途中で命令だけ下して、自身は一乗谷へひき返してしまった。大国の主である彼は、これまで合戦に自ら出たこともない。おそらく危機意識よりも億劫《おっくう》さが勝《まさ》ったのだろう。信長は勝っていた。

ところがその日の夜、大変事が連合軍を見舞う。

織田家と密接な同盟関係にあった北近江《きたおうみ》（現・滋賀県北部）の浅井長政《あざいながまさ》――その正室お市《いち》の方《かた》は信長の妹――が、窮地に立った朝倉家に呼応し、織田連合軍の退路を断つ挙に出たのであった。

これは朝倉家との協議によるものであり、朝倉家にも〝人〟はいたのである。

信長の攻め込んだ敦賀平野は、三方を山襞《やまひだ》に囲まれており、一方は日本海に落ちた。前方から敵を迎えるだけでも、本来は戦うこと自体が難しい。前後から挟撃されれば袋のねずみで、何処《どこ》にも逃げ場はなかった。

これは一乗谷に居を構えた、初代孝景の英慮の先見の明であったといえる。

この度の信長の突飛な作戦も、朝倉氏の緩慢な体質に加え、同盟者長政の消極的な協力＝中立を前提とすればこそのものであった。このとき、義景が一気に信長を屠《ほふ》っていれば、義景は己れの夢＝京を越前に再現する、をもうしばらくは追いかけられたであろう。

信長は義景ではない

否、どうであろうか。朝倉家の体質は、孝景のおりに比べ、著しく劣化していた。若々しい躍動感が、そもそもなかった。

これは主人《リーダー》の体質が朝倉全軍におよんでいたものか、宗滴を守護神としてきた結果か、朝倉の軍勢は逃げる信長を追撃したが、彼らの予想を上回った逃げ足の早い信長に、ついには逃げ切られてしまう。

同年六月、信長は徳川家康を誘い、近江姉川（現・滋賀県長浜市）において浅井・朝倉連合軍を破った。

後世からみれば、義景の運気はここに定まっていたようにも思われる。が、それでも天はもう一度、彼に好機《チャンス》を与えた。

元亀三年（一五七二）十一月のことである。その後、信長と袂《たもと》を分かった将軍義昭によって、畿内には信長を取り込むように、信長包囲網が形成され、朝倉・浅井連合軍に加え、本願寺《ほんがんじ》門徒＝一向宗徒、延暦寺の僧兵、三好《みよし》の残党などが、信長をぐるりと取り囲んだ。

しかも、〝戦国最強〟といわれた甲斐国の武田信玄（諱は晴信）の、上洛が近々に迫っていた。またしても、袋のねずみの信長――。

苦慮した彼は、越後《えちご》国（現・新潟県）の上杉謙信《うえすぎけんしん》を動かすことを考えつく。

謙信と義景には、利害の相反する関係がない。加賀《かが》国（現・石川県南部）や越中《えっちゅう》国（現・富山県）の一向宗徒を挟んで、むしろ二人は誼《よしみ》を通じ合う関係にあった。信長から名馬を贈られた謙信は、

「一度、国許《くにもと》へ戻って、兵馬を休められてはどうか」

と、義景に勧告した。

もしこの時、義景が謙信の申し入れを拒絶していれば、再び歴史は大きく方向性を変えたはずだ。しかし、冬の到来による兵站《へいたん》欠乏を恐れた義景は、あっさりと兵を引く。

積雪の恐怖は、北国の者にしか分からない。一概に義景を責めることはできないが、それにしても彼は、もう少し想像力を広げ、大局観・先見性を持つべきであったろう。

ここで信長を取り逃がしたら、次はどうなるか、と。

――年が、元亀四年に改まる（七月二十八日に「天正《てんしょう》」と改元）。

四月に武田信玄が病没（享年は五十三）、信長は七月には将軍義昭を京から追放した。

いよいよ織田軍の、大反転による攻勢が始まる。同年八月、岐阜《ぎふ》城（現・岐阜県岐阜市）を出撃した信長は、浅井氏の小谷《おだに》城（現・滋賀県長浜市）を包囲、救援にかけつけてきた朝倉勢との間で、刀禰坂《とねざか》（現・福井県敦賀市と滋賀県長浜市の境）で戦い、ついには朝倉・浅井連合軍を潰走《かいそう》させた。

信長は手をゆるめない、そのまま敦賀に乱入。この間の戦闘で、織田・徳川連合軍は約三千八百の朝倉将兵を討ち倒す。信長はそのまま、越前本国へ突撃を敢行した。

義景は父祖累代の地＝一乗谷に留まることもできず、大野郡（現・福井県大野市と勝山市周辺）へ逃走。そして亥ノ山《いやま》城（現・福井県大野市）へと逃げたが、重臣の朝倉景鏡《かげあきら》に裏切られ、ついに八月二十日、自害して果てた。

この景鏡は、朝倉家において、宗滴の次代を託された軍将であったのだが……。

天下に覇を唱えるだけの実力を持ち、経済力に恵まれ、他の戦国大名の誰よりも京に近い北陸にあって、天下取りの可能性を持ちながら、義景は四十一年の生涯を閉じた。

「七転八倒　四十年中　無自無他《むじむた》　四大本空《しだいもとよりくう》」

義景の失敗は、論語読みの論語知らずで、英林孝景の残した家訓の表面のみをなぞり、その本質を掘り下げて考えなかったところにあった。

現代人にもこのタイプは多い――物事を自分の尺度で測って失敗する――義景は終始、相手の信長の立場にたたなかった。あたり前のことだが、信長は義景ではない。

出自も門地も異なっている。何よりも信長は、出来星大名でしかなかった。往々《おうおう》にして、名門でしかも大きな組織は、小さな（あるいは新興の）組織を、はじめから嘗《な》めて、頭から呑《の》んでかかり、そのため思ってもみなかった手痛い反撃を喰うことがある。

義景は自らの招いた結末を、あの世でどのように反省したであろうか。

少なくも英林孝景や宗滴には、合わせる顔がなかったに違いない。

何処までも自分本位な数寄者　荒木村重

難問を突破《ブレイクスルー》できない理由

戦国の覇王・織田信長の中国方面軍司令官・羽柴《はしば》（のち豊臣《とよとみ》）秀吉《ひでよし》が、播磨三木《はりまみき》城（現・兵庫県三木市）の攻囲を行っていたとき、突然、一族や与力《よりき》大名を率いて、勝手に戦線を離脱したのが荒木村重《あらきむらしげ》であった。明らかな、裏切り行為であったといえる。

――村重は、織田家地生《じば》えの武将ではなかった。

天文四年（一五三五）に、摂津《せっつ》（現・大阪府北部と兵庫県南東部）の土豪・荒木義村《よしむら》（あるいは高村《たかむら》）の子として生まれている。当初、三人いた摂津守護の一人・池田城（現・

村木村重は単なる小国の領主にあらず。信長が認める才覚の持ち主。
謀叛後も黒田官兵衛が説得に行くが……

大阪府池田市）の池田勝正《かつまさ》に仕えていた。一被官《ひかん》の分限から、主家の「池田」姓を許されるまでに栄達したというのだから、この頃すでに、かなりの才覚者ではあったのだろう。

村重は時勢にも敏感で、十五代将軍・足利義昭が出現するや、その幕下に馳《は》せ参じている。村重はここで、信長と出会った。村重の人を見る目に、誤りはなかったようだ。

やがて将軍義昭が信長と対立すると、躊躇《ちゅうちょ》することなく村重は信長に乗りかえ、この出来星大名に忠節を誓う。

村重は元亀四年（一五七三）の三月、三守護の一・和田惟長《わだこれなが》をその配下であった高山友《とも》照《てる》―右近《うこん》父子が殺害すると、村重はこの父子を自らの勢力下に取り込む。

天正二年十一月には、伊丹《いたみ》城（現・兵庫県伊丹市）を攻めて、残る三守護の一人・伊丹親興《ちかおき》を放逐した。信長は村重の活躍を大いに賞賜《しょうし》し、「摂津一職《いっしき》」（大坂本願寺の領域を除く摂津全域の支配権）を与えている。

村重の成功を、今風に自己申告させれば、

「私は最短、最速で最善のゴールにたどり着くことを最優先とし、時間あたりの生産性《パフォーマンス》を上げるよう、常に心掛けました」

ということになろうか。

村重は同僚の何倍も働き、睡眠時間を削り、休みそのものすら持たなかったに違いない。伊丹城を有岡《ありおか》城と改名し、この城を居城として許された村重は、信長に期待された出頭《しゅっとう》人《にん》(他よりもすぐれて出世する人)の最右翼となっていた。

にもかかわらず、なぜ、天正六年十月、彼は主君信長を裏切ったのか。

一説に、中国方面軍司令官の要職を、羽柴秀吉に横取りされた、というのがある。

当初、村重が中国方面軍司令官をつとめるべく、織田家の西日本の窓口をつとめていた。それを秀吉が、信長の四男・お次丸《つぎまる》を己れの養子にほしい、と願い出て、信長がこれを許し、そのことがあって中国方面軍司令官を秀吉に代えた、というのだ。なるほど村重にすれば、堪《たま》ったものではあるまい。

だが彼は、この情実人事を覆すことができなかった。疲れが慢性化していたのだろう。

加えて村重は、いつの間にか自分も部下も、〝スコア〟で判断する人間になっていたのではあるまいか。人の頑張りを数値化するように、結果のみを求める人間になってしまっていたため、難問を突破《ブレイクスルー》する方法を、時間をかけて考えることができなくなってしまっていたのではないか。

ほかにも、信長への裏切りに関して、村重の家臣が私欲から、敵視する毛利《もうり》陣営に米を売ったというのもあった。

無論、村重のうかがい知るところではなかったが、信長に疑われた、と村重は思い込み苦悩したという。明らかに疲労が、彼の判断力を奪っていた。

そこへ、信長と敵対する将軍・足利義昭の〝調略〟の手が伸びてくる。

途中、村重は数ヵ月間、織田・毛利の双方いずれに付くか、悩みつづけていたようだ。が、やがて決断した。

敵前逃亡、愚挙の顚末《てんまつ》

村重の謀叛《むほん》を聞いた秀吉は、茫然《ぼうぜん》と立ちすくむ。

すでに支城を刈りとり、裸城同然となった三木城の周辺に、付城《つけじろ》を五、六十も設置し、さて持久戦にもちこもうか、と考えていた矢先のことであった。

「なぜだ……」

さしもの秀吉や中国方面軍にあった竹中半兵衛《はんべえ》・黒田官兵衛《かんべえ》の二人――智略に優れた二《に》兵衛《ひょうえ》――にも、すぐには村重の謀叛の理由が思いあたらなかったろう。

けれども、この叛乱は織田家の中国方面軍にとっては、実に痛かった。信長から離反した村重は、改めて将軍義昭、毛利輝元《てるもと》、本願寺光佐《ほんがんじこうさ》（顕如《けんにょ》・第十一世）と連絡をとりあい、十月には大坂本願寺（現・大阪府大阪市中央区）に人質を送って、正式な信長包囲網の戦略仲間《パートナー》に参加する。

――彼の謀叛は、居城の有岡城のみではすまなかった。

村重の与力大名で、茨木《いばらき》城（現・大阪府茨木市）の城主であり、彼の従弟でもある中川清秀《きよひで》。高槻《たかつき》城（現・大阪府高槻市）の城主・高山右近、さらには尼崎《あまがさき》城（現・兵庫県尼崎市）の嫡子・村次《むらつぐ》、隈《くま》城（現・兵庫県神戸市）の荒木志摩守《しまのかみ》、三田《さんだ》城（現・兵庫県三田市）の荒木重堅《しげかた》、能勢《のせ》郡の丸山城（現・大阪府豊能《とよの》郡能勢町）の能勢頼道《よりみち》も、もとより村重と行動をともにしていた。

清秀などは一度、安土《あづち》城（現・滋賀県近江八幡市）の信長の許《もと》へ釈明のため、登ろうかと考え直した村重を引き留め、

「安土にいくなどもってのほか、腹を切らされるくらいならば、摂津で一戦に及ぶべし」

と、謀叛を焚《た》きつけたとされている。

謀叛が疑われた当初、信長はすぐさま家臣の福富直勝《ふくとみなおかつ》、佐久間信盛《さくまのぶもり》らを派遣。村重の慰

留を説得させたが効果がない。

それでは、と信長は茶の湯で村重の友であった松井友閑《まついゆうかん》、縁戚に連なる明智光秀《あけちみつひで》（村重の嫡男・村次の正室が光秀の娘）、さらには〝調略〟の名手とされていた秀吉に、各々、説得を命じた（あるいは、秀吉ではなく万見仙千代《まんみせんちよ》＝重元《しげもと》とも）。

村重は彼ら糾問使《きゅうもんし》に、

「謀叛は事実無根だ」

と口では弁明したが、母親を人質に出すことも、自らが安土城へ出頭することも、ついには実行しなかった。それどころか、説得に来た黒田官兵衛を土牢《つちろう》につないでいる。

信長は与力の清秀、右近を説得して村重を孤立させたが、村重の頼みの綱であった毛利勢の援軍は一向に姿をみせない。この有様では到底、毛利氏の援軍が到着するまで、有岡城の籠城戦は維持できない、と村重は判断したようだ。

天正七年九月二日、あろうことか彼は夜陰に紛れて、有岡城を少数の将兵とともに脱け出し、尼崎城に逃げ込むという、〝将〟としてやってはならない愚挙に出た。村重は毛利氏の援軍を呼ぶために、自ら城を出て、説得にあたろうと考えたともいうが、この戦術的判断は他方で、家族や一族郎党を裏切ることに繋《つな》がったのは、紛れもない事実である。

大将に置き去りにされた、と思い込んだ城内では、それでも二ヵ月以上、けなげにも惰性的に抵抗をつづけた。が、十月十五日、城内の足軽大将たちがついには謀叛に及び、十一月十九日には開城となっている。

侍大将で一族の荒木久左衛門《きゅうざえもん》は、城代《じょうだい》として村重の降伏と尼崎・花隈《はなくま》の両城開城を条件に、有岡城内の将兵たちの助命を願い出、信長に許されたものの、結局、村重は久左衛門らの説得に応じなかった。説得に失敗した久左衛門は、どうしたか。彼も主人と変わらなかった。家族や家来を捨てて、身一つで逃亡している。

そのため十二月十三日から三日間、京都の六条河原《ろくじょうがわら》（現・京都市東山区）では村重の妻子や一族三十七名が斬殺され、郎党ら五百余人が信長によって焼き殺された。

離れてわかる良さ

村重はこの時、尼崎城に籠っていた。嫡男の村次と、その立籠る花隈城と連携しつつ、それでも抗戦を継続している。この村重が、毛利氏の許に落ち延びたのは、天正八年三月のことであった（花隈城は同年七月に落城している）。

その心中は、いかなる思いで満たされていたのだろうか。

その後、村重は〝本能寺の変〟で信長が横死してのち、堺に姿を現し、剃髪《ていはつ》して「道薫《どうくん》」、さらに「道董《どうとう》」と号して、茶人を自ら称し、かつての好敵手《ライバル》であり、天下人となっていた秀吉に仕えた。

天正十四年五月に、村重は堺で死去している（享年は五十二）。

村重はおそらく、外見の剛腹《ごうふく》（度胸がすわっている）とは裏腹に、実は繊細な神経の持ち主であったのだろう。

信長晩年の織田軍諸将は、村重のみならず、長年の多方面同時戦争に心労困憊《こんぱい》していた。それは秀吉も、本能寺の変を企てた明智光秀も、変わらない。

村重の信長に対する謀叛は、あとから思えば光秀の〝本能寺の変〟を先駆けたものであった、と筆者は考えてきた。

常日頃からの信長に対する相互意思疎通《コミュニケーション》、新参としての織田家先輩の同僚たちへの交際を、村重はもう少し配慮すべきであったかもしれない（光秀も同断）。

「信長さまに認められていれば、それで十分――」

という考え方は、ワンマンなトップのもとではわからなくもないが、一面、危《あや》うい。

一度こじれると、迂回路《バイパス》を持たない村重は、自らを孤立させる方向に導いてしまった。説得に訪れる人々とも、村重はその実、心を許して付き合っていたわけではなかったろう。加えて、信長への怒り、恐怖といった感情を抑えて、これから組む毛利氏についても、村重は冷静に考えるべきであった。

本当に、信長包囲網は勝てるのか、と客観的に判断をくだすべきであったろう。

将軍義昭は第一次信長包囲網を武田信玄、朝倉義景、浅井長政、比叡山延暦寺、三好三人衆などを使って形成しながら、失敗している。

村重は自らが参加していた織田軍の強さ――迅速果敢な速度感《スピード》に、本願寺であれ毛利氏であっても、本当に対抗できると考えたのであろうか。もしそうであるなら、村重は己れの感情論に引っ張られ、理性の目を曇らせてしまったとしかいいようがない。

昨今でも、もといた職場を離れてから、かつての環境がいかに良いものであったか、を実感する転職者は少なくない。

結果として己れがさらした生き恥を、村重はどのように受け止め、同じ時代を共有した秀吉に茶話《さわ》（茶飲みばなし）をしたであろうか。

凡庸の自覚なさゆえに、亡国を招いた　北条氏政

滅亡の責任は氏康にあり!?

後世に、〝後北条氏《ごほうじょう》〟あるいは〝小田原《おだわら》北条氏〟と呼ばれた戦国大名家は、史上、五代にわたってつづいたが、そのうちの三代までは、北条早雲《そううん》（正しくは伊勢宗瑞《いせそうずい》）―氏綱《うじつな》―氏康《うじやす》と、奇跡のように名将を、つづけて出すことに成功していた。

しかし三代の氏康は、己れの死の直前、嫡子の氏政《うじまさ》（四代）に遺言している。

「これまでの上杉家との同盟を破棄し、武田信玄との同盟に戻せ。そして汝《なんじ》は、関東の平和にのみに専念するように――」

後北条家四代・氏政。関東に最大版図を広げるが、刻々と変わる情勢を読めず、
ついに秀吉の大軍に小田原を包囲される

上杉謙信は頼むに足る人物であったが、とにかく雪に阻まれて、いざという時の援軍が間に合わない。それに比べて信玄は——との同盟切り替えは理解できるのだが、この遺言をみるかぎり、氏康はわが子の氏政を、あまり高く評価していなかった様子がうかがえる。

——この父子には、有名な挿話《エピソード》が伝えられていた。

氏康—氏政父子が朝食をともにしたおりのこと。氏政が飯に汁をかけて、搔込《かきこ》んだ。それ自体は戦国時代の一般的な食べ方であり、別段、問題はない。ところが、二口三口食べた氏政は、改めてもう一度、汁をかけ足してしまった。

これを見た氏康は、無念そうにつぶやく。

「北条の家も、わしの代で終わるか……」

と。その心は、食事は毎日しているにもかかわらず、一飯にかける汁の見積もりすらできぬようでは、この息子は自分のあとを継いでも、先の見通しが立てられるわけがない。北条家の命運は、次代で尽きる、との論法であった。

筆者は、食べるごとに汁をかけ足す氏政の食べかたの方が、おいしかったのではないか、と考えてきた。筆者もきっと、氏政と同様に汁をかけたと思う。

それはさておき、誤解している方がいまだに多いが、〝後北条氏〟が最大の版図《はんと》を占めたのは、氏康の代ではなく、次代の氏政の治世であった。

なるほど彼は、父がやってみせた河越の夜戦＝日本三大奇襲戦の一つのような、華々しさには欠けていたかもしれないが、重臣たちの意見をよく聞き、積極的に関東一円を経営していた。

たしかに、天正十年（一五八二）六月の、〝本能寺の変〟で織田信長が明智光秀に弑逆《しいぎゃく》された時も、北条氏は天下取りに関心を示していない。原因は常に、氏康の遺言重視、氏政の優柔不断さだ、と史家は断じてきた。

氏政は、関東の経営に専念している。この点は越前経営に専念した朝倉義景と似ていたが、氏政は先代以来の老臣たちの補佐もあり、合戦もやっているし、見事に領土を拡げることに成功している。

この氏政（徳川家康より四歳年長）に、もし問題があったとするならば、隠居しながら若い当主の氏直《うじなお》（五代）を自らが後見したおり、急転する時勢を理解できておらず、理解する努力を怠ったところにあったように思われる。

大過なく乱世を生き残ってこられたこの大国は、氏政の代で一気に老いてしまい、戦国の世を生き抜く活力を失ってしまった。今風にいえば、大企業病に冒《おか》されたというべきか。

筆者はこの責任、むしろ先代の氏康にこそ求めてしかるべきものだ、と考えてきた。組織は攻めている時は活力を持ち、守りに入るとやる気を失いがちなもの。それをどうするか、という手を打っていなかったのは、氏康に先見の明がなかったといわれても仕方あるまい。

想定外の危機に対処するには⁉

なにしろ氏康自身が、戦国最強の小田原城に象徴されるがごとく、攻めよりも守りの人であった。それだけに彼は、小田原城で守り切れる限界、それを超えた状況に北条氏が追い込まれた場合を、想定することができなかった。

これは無理矢理（無理と知りながら）言うことだが、小田原城を死守することができない場合——たとえば、誰かが天下統一を成し遂げようとしている局面に到った時、どう対処するべきなのか、といった北条家＝己《おの》が大国に関する、より以上に強い危機感を、氏康は持つべきではなかったか。

信玄・謙信より年上の氏康は、元亀二年（一五七一）にこの世を去っているから、本能寺の変ののち、北条家の影響下にある信州に、徳川家康が触手《しょくしゅ》を伸ばしてきたおり、すでに亡き氏康に責任はないのだが、後継の氏政―氏直父子の行動には、明らかに問題があった。

この時、北条氏は珍しく、機敏な反応を示している。

「いまにして家康を屈伏させておかねば、将来のお家のためにはなるまい――」

北条方の諸将は軍議を催し、五万の大軍を上州経由で、信州へ向けた。

この時、家康が動かし得た兵力は一万にも満たないものであったから、正面から戦えば北条勢の勝利は動かしがたかった。

にもかかわらず、この時の北条家の、首脳陣の思惑は完全に時代とズレていた。

「交戦以前に、家康は和議を請うてくるであろう」

と、戦うにあたっての具体的な策も考えぬまま、希望的な憶測をしていたのである。

五万に対する一万では、そもそも勝負にはなるまい。したがって実戦には及ぶまい、と北条家は見てとったわけだ。

ところが案に反して、小心で、ときに臆病ですらある家康は、北条の大軍を相手に、真正面から開戦を挑んで来る。その心中、さぞや必死の思いであったろう。

なぜならば、別途、羽柴秀吉が、亡き主君信長の遺領を次々と簒奪《さんだつ》して、急激に膨張していたからだ。その手中にした国は、二十ヵ国に及ぼうとしていた。

信州を家康が奪えば、三河・遠江・駿河・甲斐に加えて五ヵ国となり、秀吉への多少なりの抗戦も可能となるし、関東八ヵ国に影響力を持つ北条氏とも、国力では互角とはいかないまでも、戦い方によっては一戦二戦、勝つことも可能となる。

北条氏はこの時、家康の挑戦を受けて立つべきであったろう。間違いなく、勝てたのだから。

けれども北条氏は、この家康の意外な前進を、徳川軍の自信によるものと錯覚した。大国は往々にして思慮深く、用心を第一に考えるもの。まして、専守防衛に伝統のある北条氏のことである。それに加えて、当主の氏直は戦《いくさ》そのものを億劫《おっくう》がった。

なるほど勝利しても、さほどの名誉にはならない。逆に、万に一つでも敗れれば、父祖五代にわたる栄光の日々に傷がつく。

なろうことなら、家康と矛《ほこ》を交えたくなかったのが、氏政―氏直父子の本音であったろう。そのため氏直は、叔父であり、伊豆韮山城《にらやま》(現・静岡県伊豆の国市)の城主・北条氏規《うじのり》に、家康との講和を図ることを命ずる。

この氏規はかつて、義元全盛期の今川家において、家康とともに人質生活を送った経験があり、二人は旧知の顔見知りで、氏規は北条家の連枝《れんし》（氏政の弟）でもあった。

大国は想定外を想定せず

これがもし、氏直の祖父・氏康であれば、講和をすすめるにしても、まずは一戦交えたうえで、相手の強弱や意思を推しはかり、余裕をもって和議に臨んだであろうが、今の北条家には、そうした段取りを踏もうと思慮する重臣もいなくなっていた。

「いざとなれば、天下一の小田原城がある」

くり返すようだが、大国は常に自らの立場のみで考え、相手＝格下、小国が何をどのように考えているか、などとは斟酌《しんしゃく》しないものだ。それでいて、態度だけは尊大であり、講和を申し入れておきながら、自ら足を運ぶことすらしようとしない。

家康はこうした北条方の戦意の低さを知るや、再び戦書を北条氏直に叩きつける。

五代の名門の迂闊《うかつ》さは、ひとたび講和と決まり、帰国準備をしていたところにも明らかであった。家康の厳しい口調に接し、北条方は驚き、慌てて、あろうことか詫びを入れ、戦うよりはと、両国の軍事同盟の締結を願い出た。同盟はなった。

だからこそ、小牧《こまき》・長久手《ながくて》の戦いで、家康が羽柴秀吉と戦ったおり、北条氏は家康の後《ご》詰《づめ》に位置付けられたのであった。

その家康に、攻め手の先鋒を受け持たせたのが、戦後に臣下の礼を家康にとらせた、秀吉の小田原攻めであった。

士気はそれなりにあったものの、河越の夜戦のおり、攻めてきた扇谷《おうぎがやつ》上杉、山内上杉、古河公方《こがくぼう》・足利晴氏《はるうじ》らの軍勢八万――この数をはるかに超える、およそ二十一万の大軍で包囲陣を布《し》いた秀吉軍に、あっけにとられた北条父子は、三ヵ月余の籠城後、気力が萎えたように降伏してしまう。

氏政は責任をとって、自刃して果てた。享年は五十三である。

家康の娘・督姫《とくひめ》を妻としていたことで、高野山《こうやさん》（現・和歌山県高野町）へ追放された氏直は、翌年二月に赦免され、一万石を与えられて大坂に移ったものの、同年十一月に同地で病死している。こちらの享年は、三十であった。

「創業と守成《しゅせい》と孰《いず》れか難《かた》き」（『十八史略』）

事業を始めることと、いったん出来上がった事業を保ち守るのでは、どちらが難しいだろうか、と居並ぶ侍臣たちに問うたのは、中国・唐《とう》の太宗《たいそう》であったが、〝難しさ〟のポイントがいささか異なるものの、創業には勢いというものがあり、事業継承にはこれがない。気力、やる気、活力、これらを維持することの方が、筆者には難しいことのように思われる。

確かに、〝後北条氏〟は戦国に稀《まれ》な、領民思いの武士団であった。領民は〝いざ鎌倉〟となれば、小田原城に武士たちと一緒に籠って、その身を守ってもらえた。

この恩義が、北条氏五代を支えていたともいえる。

だが、給与《サラリー》の良い大企業に働く人々は、そのことだけでやる気を維持しつづけられるものなのであろうか。もし、可能であるというなら、なぜ、日本の社歴の長い一流企業の多くが、十年、二十年、三十年と、沈没や閉塞感を、わが国に与えつづけたのであろうか。

やはり、次なる前向きな目標、組織に参加する全ての人々がワクワクするようなものを、常にトップが用意しないかぎり、組織は老朽化する、ということではなかろうか。

夫を天下人にした賢夫人の失敗
北政所

玉《たま》に瑕《きず》をプラスに転ずる

もし、のちの天下人・豊臣秀吉が、北政所《きたのまんどころ》＝お禰《ね》を妻としていなければ、筆者《わたし》はおそらく、日本史上最初の統一政権となる「豊臣家」は、誕生しなかったのではないか、と考えてきた。

木下藤吉郎《きのしたとうきちろう》と呼ばれていた秀吉は、尾張国中村在（現・名古屋市中村区）の百姓（村長クラスの家、その他説あり）の小倅《こせがれ》であり、お禰は同郷の織田家の足軽の娘であった。

二人が結婚したのは、永禄四年（一五六一）八月のこと。秀吉は二十五歳、新妻お禰は

従一位「豊臣吉子」＝北政所。淀に寛大だったが、
大坂城を退去させられる。その後、豊臣は滅ぶ

十四歳であった（この頃の、結婚適齢期）。当時、秀吉は織田家の小物頭《こものがしら》（今日の企業でいえば主任級）であったが、まだまだ下っ端《したっぱ》にすぎなかった。

しかし、この夫婦はともに陽気で、秀吉は体は小柄だったが地声は大きく、お禰もそれに劣らず大きくて甲高い声で、よく笑った。

この仲のいい夫婦は、結婚十二年目の天正元年（一五七三）八月、主君の織田信長が滅ぼした浅井長政のあとの北近江に、のちの石高にして十二万石相当で入封する（秀吉はこの時、「羽柴」姓へ）。

翌年、琵琶湖畔の今浜を「長浜」と改め、秀吉は新しい城を築く。

お禰は城主夫人として、その統治にも口を出した。

たとえば領地発展策として、当初、税を免除していた秀吉が、領国経営が軌道に乗ったと判断し、ほどなく改めて税を取ろうとしたおり、「時期尚早《じきしょうそう》」とお禰は反対し、夫の都合のいい方針を撤回させている。

誤解されている方が多いのだが、戦国時代には男性と対等に話のできる女性は、決して少なくなかった。否、むしろ、男性と対等にやり合えないような妻では、城主級《クラス》の夫を支えることはできなかったであろう。

女性が男性の庇護《ひご》下に入るようになるのは、江戸時代に入ってからのこと――。女性の役割は今も昔も、形こそ変われ重大であった。

お禰は一方で、秀吉がかき集めてきた親戚の子供たち（福島正則《ふくしままさのり》や加藤清正《かとうきよまさ》ら）に台所めしを食《く》わせ、衣服一つ一つを縫ってやり、彼らを一廉《ひとかど》の武士にするべく、文武の教育にも目を配らなければならなかった。奥（裏方）の采配もしなければならない。

お禰は実によくできた、申し分のない城主の妻であったが、たった一つ、子ができなかったことは、当時の家来を持つ主人の妻としては、不幸というほかなかった。

秀吉は長浜城主の時代、早くも側室（名は諸説あり）との間に長男・石松丸《いしまつまる》を儲《もう》けていた。が、この子は幼くして病で逝ってしまう。

けれどもお禰は、子を産めなかったという最大のマイナスをも、夫・秀吉の出世のプラスに転換する知恵を持っていた。

なんと、主君・織田信長の四男・お次丸を養子にもらい受けよ、と秀吉に発破《はっぱ》をかけたのである。それを聞いた秀吉のお目付け役・竹中半兵衛は、「実に妙案」とニヤリと笑ったとか。

秀吉は当初、「わしのようなものが、とんでもない」と妻の思いつきに驚き、主君の怒りを想像して怖れ、慄《おのの》き、尻込みをした。

しかしお禰は冷静に、それでいてしつこく、この思いつきをいいつづけたという。

信長さまが、お断りになるはずがない、とお禰は確信していたようだ。

それはそうであろう。信長の立場で考えてみれば、功臣秀吉がこの先いくら出世し、彼にどれほど多くの恩賞＝領土を与えても、次代は己れの実子に渡るわけだから、いわば回り回って自らに戻ってくるようなものである。

秀吉はようやく、織田家の幹部になりつつある己れを省みて、周囲に増長と受け取られることを懸念して反対したが、お禰の読みはそれを上回っていたといえよう。

その証左に、信長は二つ返事で快諾、わが子を養子にやってからは、秀吉への待遇をさらに良くしている。なによりも、織田家の花形ともいうべき、諸将羨望《せんぼう》の的＝中国方面軍司令官に、ほぼ決まっていた荒木村重をはずして、秀吉が抜擢されたことが、信長の好意を何よりも雄弁に物語っていた。

もっとも、このおり押し戴いた養子・お次丸こと「秀勝《ひでかつ》」は、信長の横死＝〝本能寺の変〟を挟んで、天正十三年の十二月十日、にわかの病没をとげてしまう。享年は十八であった。

妻なればこその情念

天下人となる過程で、秀吉は散々に女道楽に励んだが、世継ぎとなる子供がなかなかできない。ようやく愛妾《あいしょう》の淀殿《よどどの》が一度、鶴松《つるまつ》を産んだものの早逝《そうせい》させてしまった。しかたなく秀吉は、己れの姉の子・秀次《ひでつぐ》を養子と定め、自らは「関白《かんぱく》」を退《しりぞ》いて「太閤《たいこう》」となったものの、その後、再び淀殿は拾《ひろい》＝秀頼《ひでより》を授けられる。

この間、北政所はこの母子を決して敵対視せず、豊臣家のためにもと懸命に、保護する姿勢をとっていた。

けれども、当時の仕来《しきた》り――側室が子を産んでも、家の子として育てるため、正室が引き取って養育する――により、鶴松を自分から取り上げ、北政所が育てたところ、鶴松は死んでしまった、と思い込む淀殿は、二人目の秀頼を自らの手許《てもと》で育てることに拘《こだわ》った。加えて淀殿は、その出自が信長を異母兄に持つ、秀吉の旧主家筋の、お市の方を母としていること。また、父は北近江の戦国大名・浅井長政である、との誇大なプライドから、いつしか北政所に敵愾心《てきがいしん》を抱くようになる。

それでも北政所は冷静に、淀殿の感情に配慮する寛大さを示していた。

その淀殿の示唆《しさ》もあったのかもしれない。一方で太閤秀吉は、関白秀次と妻妾《さいしょう》、その子らを残酷にもことごとく粛清してしまった。

しかし、秀吉五十七歳（五十八歳とも）のおりに生まれた秀頼は、唯一の後継者となったものの、あまりにも幼すぎた。秀吉が六十二歳（六十三歳とも）でこの世を去ったおり、秀頼は六歳（生母の淀殿は三十二歳、異説あり）であった。

淀殿は己れの保護と秀頼の未来を、正室の北政所に縋《すが》らず、政権を二分していた一方の勢力・文治派に委ねた。石田三成《いしだみつなり》、増田長盛《ましたながもり》らは近江時代の秀吉に、スカウトされた者たちであった。

一方の武断派は、尾張の下積み時代から秀吉の許にあった福島正則、加藤清正、黒田長政《くろだながまさ》（官兵衛の嫡男）らであり、淀殿は武断派を束ねるのが北政所だ、と勘ぐっていたようだ。そして淀殿はついには文治派を動かして、北政所に大坂城からの退場を求める挙に出る。

――ここで北政所が城を出たことが、豊臣家の命運を定めた、と筆者は見てきた。

いかに出来た女《ひと》でも、そこは女性の性《さが》もあったに違いない。

淀殿に対して、あるいは政権をわがもの顔で運営する「五奉行」の石田三成らにも、北政所が面白くない感情を抱いていたとしても、これは致し方のないことであったろう。

むしろ三成ら文治派は、豊臣家の行く末を大局観を持って考え、間に入って、北政所と淀殿が親しめる環境を作る努力をすべきであった。

なにしろ、従一位《じゅいちい》・准三后《じゅさんごう》「豊臣吉子《よしこ》」との名乗りを朝廷から許された北政所（落飾して高台院《こうだいいん》と号す）に、無位無官の淀殿は公式の場においては、同席することすらできないほど、二人の身分は隔絶していたのだから。

周囲が二人の仲を、取り持ってしかるべきであったろう。

しかも「豊臣家」は、北政所にすれば、夫と二人三脚で築いたもの、との自負があったはず。それに配慮せず、むしろ退場を促した文治派の面々は、北政所の〝力〟を過小に評価していたようだ。

そうしたところに、正則や清正ら武断派の諸将が、昔のごとく北政所に甘え、文治派たちとうまく行かないという愚痴を、こぼしにやって来るのである。

徳川家康は秀吉亡き後、何かにつけて北政所を見舞っていた。天下取りの野心を持った家康には、北政所の価値が分かっていたのであろう。

「頼るは、家康どのぞ――」

北政所は正則や清正らにそういい、ついに自らは大坂城西の丸を去ったが、そのあとには家康が乗り込んで来た。淀殿、文治派の大いなる失敗といってよい。

家康に天下を取らせたのは北政所であった、と筆者は思っている。

関ヶ原で大勝した家康は、その後、北政所に法外ともいえる一万三千余石の隠居料を提供し、死ぬまでその生活に不自由をさせることはなかった。

あのしわい（ケチな）家康にしては、大盤《おおばん》振《ぶ》る舞《ま》いといえる。

否、天下取りを考えれば、安い出資と割り切っていたに違いない。

淀殿―秀頼母子が死去した大坂落城後、しばらく生きた北政所は、江戸幕府三代将軍・徳川家光《いえみつ》の治世である寛永《かんえい》元年（一六二四）の九月六日、七十七歳でこの世を去った（生年および年齢には異説あり）。

その胸中に去来したものは、夫と創った豊臣家を、家康に売ったことに対する納得であったろうか、それとも滅亡させたことの後悔であったろうか。

さて、いずれであったろうか。

愚直に三河者魂を貫いた生涯
大久保彦左衛門

負けじ魂の損得勘定

世の中には、損することが分かっていて、己れの意地、プライドのために、あえて自滅の道を選択する人がいる。徳川家にあって、その人ありといわれた愚直一本槍の大久保《おおくぼ》彦《ひこ》左《ざ》衛門《えもん》忠教《ただたか》も、そうした部類の一人といえようか。

彼を〝天下の御意見番《ごいけんばん》〟にしたのは、後世の江戸後期の講談の世界――だが、この人物の名を真に、後世に伝えたのは、彦左衛門自らの著した『三河物語《みかわものがたり》』であった。

同書の中で彼は、大久保家は七代の松平党首（十八歳年上の徳川家康も含め）に忠節一筋に仕えて、艱難辛苦《かんなんしんく》を耐えて奉公したにもかかわらず、ついには何一つ報われなかった、と歎き、愚痴《ぐち》と怒りを書き連ねていた。

この場合、読者は大久保家の人間、想定されたのはおそらく子孫であったろう。

永禄三年（一五六〇）生まれの彦左衛門には、長兄の大久保忠世《ただよ》（家康より十歳年上）がいた。松平（徳川）家の譜代衆の重臣としてこの人物は、主君家康が二十二歳で遭遇した三河一向一揆（家臣団の半分程度が一揆側についた）にはじまり、武田信玄に大敗した三方ヶ原《みかたがはら》の戦いや、今度は武田勝頼に圧勝した長篠《ながしの》・設楽原《したらがはら》の戦いなどに従軍――この大久保家の総領息子＝忠世が、いかに家康に信任されていたか。

徳川家の関東入封により、かつての〝後北条氏〟の居城・小田原城をまかされたこと一つで知れよう（四万五千石）。彼は文禄《ぶんろく》三年（一五九四）九月に六十三歳で死去したが、跡は長子の忠隣《ただちか》（彦左衛門の甥）が襲った。

忠世―忠隣父子は、二代将軍・徳川秀忠《ひでただ》の側近として、その父・家康から付けられてもいた。

すでに武蔵羽生《むさしはにゅう》城（現・埼玉県羽生市）で二万石を得ていた忠隣は、羽生城を己れの嫡子・忠常《ただつね》に譲り、自らは小田原城主となった（併せて六万五千石）。

彦左衛門のおけ登城。旗本が江戸城に出向く際、
下馬もかごを降りることもない、おけ登城を実践したという物語がある

相模守《さがみのかみ》にも、任ぜられている。このとき、四十二歳。

彦左衛門はこの甥《おい》・忠隣の家臣に直ったのだが、忠隣は家康の謀臣・本多正信《ほんだまさのぶ》との政争に敗れて改易となり、彦左衛門は一千石取りの旗本《はたもと》に逆戻りとなる（のち二千石）。

一説には将軍秀忠より存在感のある実力者・忠隣を、家康が恐れて、無実の罪を捏《でっ》ち上げたともいわれている。

一方の正信は、三河一向一揆において、若き日の家康を殺そうと付け狙い、その後、諸国を放浪。長期の諸国暮らしで行き詰ったところを、忠世に声をかけてもらい、徳川家に返り忠《ちゅう》をした人物であった。

恩人の息子であるにもかかわらず……。

そのことが彦左衛門をして、『三河物語』を執筆させる動機となったのだが、ふり返れば彼自身が、大名になる好機《チャンス》もそれまでにはあったのである。

彦左衛門と忠隣の叔父と甥《おい》は、似た者同士であった。

否、この一族は皆、酷似していたといえる。彦左衛門の次兄に、弥八郎《やはちろう》（治《じ》右衛《え》門《もん》とも）忠佐《ただすけ》という、これまた獰猛《どうもう》な三河犬のような武士がいた。

永禄十二年、十七歳の忠隣は、遠州掛川城《えんしゅうかけかわ》（現・静岡県掛川市）を攻めたおり、この叔父と共に出撃した。乱戦の中で忠佐は、敵将の近松丹波《ちかまつたんば》を組み伏せ、その首を取って、忠隣に手柄を譲ろうとした。すると忠隣は顔色を変えて、

「人のくれたる首、何《なに》にかすべき（要るものか）」（『常山紀談《じょうざんきだん》』）

といい、叔父をにらみつけて、敵陣へわけ入り、自ら別の武者首をあげて武功を飾ったのである。いかにも大久保一族、三河武士らしい。

「それでも旗は立っていた！」

一方の忠佐はこの後、慶長《けいちょう》六年（一六〇一）に沼津城（現・静岡県沼津市）二万石を賜ったが、一人息子が早世し、慶長十八年に七十七歳で没するまで、ついに後継《あとつぎ》にめぐまれなかった。当時の法度では、このままでは改易となる。

お家の断絶を無念に思った忠佐は、当時、三河額田《ぬかた》郡（現・愛知県幸田町《こうたちょう》）に一千石をもらっていた末弟の彦左衛門に、自分の養子となってくれるように、と頼んだ。

ところがこの弟は、最前の忠隣同様に、このありがたい話を峻拒《しゅんきょ》する。

「手柄をたてて大名になるならいざしらず、兄の手柄を譲りうけてまで、大名にはなりた

くはない」

結局、沼津大久保家は断絶となった。

やがて時代は、大坂冬の陣とそれにつづく夏の陣へと移りゆく。

この夏の陣のおり、五十代半ばとなっていた彦左衛門は、すでに戦力外とされ、名誉職の槍奉行を拝命していた。

勝敗は攻城方の圧勝となり、豊臣家はここに滅亡したのだが、戦闘の途中、真田信繁《のぶしげ》(俗称・幸村《ゆきむら》)の猛攻により、家康の本陣の御旗《みはた》が崩れ、味方から見えなくなる局面があった。

まさか大御所《おおごしょ》(家康)が敗れて、本陣は退却したのではあるまいな、と旗本たちは動揺した。なにしろ、大坂の陣の旗本たちは、関ヶ原に臨んだ人々と世代が違っていた。多くが戦場未経験の人々であったため、彼らは大いに慌て、騒ぎ始める。

が、幸いその場には歴戦の強者《つわもの》・彦左衛門がいた。

「わしは槍奉行である。御旗が退《ひ》けば、それを知らないはずはない。慌てるな――」

胴間声《どうまごえ》をからして叫び、混乱を収拾した。

功労者である。にもかかわらず、その世渡り下手、偏屈《へんくつ》ぶりはどうしようもない。

のちになって、旗の崩れが徳川家内部で追及されたおり、多くの者が旗は見えなくなった、と証言する中でたった一人、彦左衛門だけは、「旗は立っておりました」と答えた。家康の尋問でも、頑《がん》として答えをかえない。のちに、『三河物語』で彦左衛門はいう。

「たとへ逃げ申《もうし》たる御旗なり共《とも》、『逃げ不申《もうさず》候』とて、其《それ》が御咎《おとが》ならば、頸《くび》（首）ハ打れ、『御旗之逃げたる』とハ、何として可二申上一哉《もうしあげるべきかな》」

旗が倒れたとは、何があっても言えぬ、という。

見上げた、三河者魂であった。

しかし、時代は〝元和偃武《げんなえんぶ》〟（戦争終結宣言）となり、天下泰平の世に移っていく。

幕藩体制が固まれば、再び戦場働きの機会はめぐってこなくなる。

武士にとっては、平和だが閉塞感の強い時代が、新たに始まってしまう。

では、この新しい時代をどう生きていけばいいのか。彦左衛門の出した結論は、

「電光朝《でんこうちょう》路《ママ》（露《ろ》）、石火之《の》ごとくなる夢之世《ゆめのよ》に、何と渡世を送れバとて、名にハかへべきか。人ハ一代、名ハ末代なり」（同上）

であった。

徳川家と共に、生きていくしかない、と彦左衛門は子や子孫へ語りかけた。

ふと、『菜根譚《さいこんたん》』（明の洪自誠著《こうじせい》）の一節を思い出す。

「人生の福境禍区《ふくきょうかく》は、皆念想《ねんそう》より造成《ぞうせい》す」（人生の幸せや災いなどは、すべて自分自身の心の中から生まれてくるもので、決して境遇や環境に左右されるものではない）

彦左衛門は、古い時代の終わりの始まりを理解していた。

けれども、あえて時勢に自らを合わせようとはしなかったのだ。

寛永《かんえい》十六年（一六三九）二月一日（異説あり）、この一徹な三河者は八十歳の生涯を泰平の世に閉じた。大名にもなれたであろうに、彦左衛門は己れの性格を納得したまま、あの世に旅立ったであろうか。

令和の今日にも、彼のような生き方をする人はいる。

納得していたか否かは、知る限りではないが、「大久保彦左衛門」はいつの間にか、日本人における一つの性格の典型として、語り継がれるようになったのは間違いない。

そして二十一世紀の今も、彼はわれわれ日本人の心に棲《す》みつづけている。合掌《がっしょう》。

最強の大坂城に棲んだ、気弱な〝女城主〟淀殿

機知に富まない美人⁉

〝女城主《おんなじょうしゅ》〟などと、事々《ことごと》しくいうと、何かしら特別な存在のように聞こえるかもしれない。けれども、戦国時代のみならず、日本の長い中世全体においては、女性にも男性と同様に、父母の財産を相続する権利が広く認められていた。

そのため、城主の娘がそのまま城の主《あるじ》になることも、決して珍しいことではなかった。九州筑前《ちくぜん》の立花山《たちばなやま》城の城主・戸次道雪《べっきどうせつ》は、娘の誾千代《ぎんちよ》に城主の座を譲っている。のちに、娘婿となったのが、〝戦国無双〟といわれた立花宗茂《たちばなむねしげ》であった。

その彼が関ヶ原の戦いで、大いに期待したのが天下無双の大坂城（小田原城をモデルとした）であり、この巨城の事実上の主は、豊臣秀吉の愛妾・淀殿であったといってよい。

戦国の覇王・織田信長の異母妹で、当代随一ともいわれた美貌の女《ひと》・お市の方は、信長の命令で北近江の戦国大名・浅井長政に嫁ぎ、茶々《ちゃちゃ》・初《はつ》・江《ごう》の三人の娘を産みながら、夫・長政の信長への離反、裏切りにより浅井家は滅亡。織田家に戻ったお市は、重臣・柴田勝家《しばたかついえ》と再婚し、その後、羽柴秀吉と勝家の確執、賤ヶ岳《しずがたけ》の戦いののち、三人の娘を残して、北ノ庄《きたのしょう》（現・福井県福井市）でこの世を去ってしまう。

本能寺で横死した信長には、幾人かの娘はいたのだが、どういうわけか人々の関心は、お市の忘れ形見・三姉妹に集中した。いずれも、母の美貌を受け継いでいたというけれど、このうち、のちに大坂城の女城主となる長女の茶々は、その前に信長の後継として天下を統一した豊臣秀吉によって、山城国淀城《やましろのくによどじょう》（現・京都市伏見区）の女城主となっていた。

そのため「淀殿」と呼ばれ、この通称が後世まで伝えられることになる。

彼女は母も経験しなかった、三度目の落城＝大坂落城で、わが子・秀頼（実際の大坂城城主）と死ぬ、数奇な運命に弄《もてあそ》ばれた生涯をおくった。

淀殿は、秀吉が織田家に仕えていた若い頃から、思いこがれていたお市の方に似ていた

家康が将軍になっても、豊臣の一大名への転落を認めなかった淀殿。
我が子と滅ぶことだけが、彼女の道だったのだろうか

という。秀吉はついに想いを遂げることのできなかったお市の代用として、淀殿によって、その思いを満たそうとしたかのような、雰囲気を持たれてきた。

もっとも、今日に残る淀殿の肖像は母と比べ、全くといっていいほど似ていない。

一人の女性としては、タイプの違う美人であったのだろうが、機知に富んでいたり、個性豊かな〝おもしろ味〟があるような――たとえば、北政所のような――女性ではなかったようだ。なにしろ、何一つ、その種の挿話が残っていないのだから。

あるいは淀殿は、天下人となった父母の仇敵《きゅうてき》＝秀吉の側室となり、二度もその子を生んだことに、内心、忸怩《じくじ》たる思いがあったのかもしれない。

天正十七年（一五八九）に一人目の鶴松を産んだが、わずか三歳で早世してしまい、文《ぶん》禄《ろく》二年（一五九三）に改めて秀頼を産んでいる。

秀吉は晩年になって生まれた秀頼を、天からの授かりものとして大切に扱い、その生母である淀殿を、このうえもなく大切にした。その愛情がやがて、淀殿の驕慢《きょうまん》を増長させることになり、ついには正室の北政所をしのぐ勢いをすら、示すことにつながってしまった、と一般にはいわれている。なにしろ淀殿は、天下一の大坂城の、女主《おんなあるじ》となったのであるから無理もない。

母子の助かる道はなかったか!?

慶長三年（一五九八）八月に秀吉が没すると、淀殿は秀頼の後見として、息子と一緒に大坂城に入城した。正室である北政所は淀殿に遠慮して、城を去って尼となり、京の三本木（現・京都市中京区三本木町）に隠棲《いんせい》している。

この時、すでに北政所には見えていたであろう豊臣家の運命＝落日といったものが、どういうわけか淀殿には、皆目、理解できていなかったようだ。

そもそも彼女は、城主がつとまる、才覚の聡《さと》い性《さが》ではなかったのだろう。

北政所と比べての、二人の身分の差も、全て別項で述べている。

秀吉の死去により落飾し、北政所は高台院湖月尼《こげつに》と号したが、彼女はまごうことなき、日本の太閤夫人《ファーストレディ》といってよかったろう。

ところが一方の淀殿は、血脈に信長という伯父を持っていても、官位一つない一介の女性にすぎなかった。秀頼という息子がいなければ、私的であれ、北政所の目前に現れる資格をすら、淀殿は持っていなかったのである。

今一つ、彼女には気鬱《きうつ》（ヒステリー）の持病があった、と当時の天下の名医・曲直瀬《まなせ》道三は証言している。「気昏ませし、手足が動かなくなり、体が氷のようにつめたくなった」という。

秀吉という最大にして唯一の保護者を失ったため、あれこれ行く末を思い悩んでも、真に相談できる人、頼り切れる人もなく、心から安心することができず、そのため発作がときおり淀殿を襲った。

そうした半ば病人の彼女は、自らの拠る城の巨大さから、関ヶ原の合戦によって、天下の趨勢《すうせい》が徳川家康に移ったのちも、その事実をどうしても認めることができなかった。

慶長三年の時点で、天下四十ヵ国に二百二十二万石を領有していた豊臣家は、天下の権を失い、摂津・河内《かわち》（現・大阪府南東部）・和泉《いずみ》（現・大阪府南西部）を中心に、わずか六十五万石余の一大名に転落してさえ、家康が征夷《せいい》大将軍に任じられても、これらは秀頼が成人するまでの、臨時の処置と思い込もうとした。

そのため徳川家に膝を屈して、秀頼ともども母子が生き残る方法を、最後まで淀殿は見いだす努力をしなかった。

一方で、あるいは英邁であったかもしれない秀頼を、完全に己れの支配下におき、女主人として武将の嗜《たしな》みを否定し、わが子を公家の代表者――いずれは関白にすべく、学問を修めさせた。それが結果として、秀頼を去勢《きょせい》させる日々となってしまう。

家康はわが子・秀忠に将軍職を譲ったあとも、駿河にあって、大坂の動静を見守っていたが、このままでは埒《らち》が明かぬと、ついに慶長十九年十月、大坂征討に乗り出し、冬・夏の両陣によって、豊臣家を滅亡させてしまう。

淀殿と秀頼は、慶長二十年五月八日、大坂城内の山里曲輪《やまざとくるわ》において、火炎の中で自刃して果てた。母の享年は四十九（異説あり）、子の秀頼は二十三であった。

淀殿にはおそらく、家老にすぎない家康に裏切られた、との怒りしかなかったのではあるまいか。彼女が生き長らえる道はなかったのであろうか。

筆者は、大坂城を捨てることが、唯一の生き残り策であったように思う。

もし、家康の求めに従って、天下の巨城を出て、大和か伊勢《いせ》か何処かに国替えし、小大名となったならば、家康はこれを亡きものにはできない。

なにしろ、彼が目指したのは、〝元和偃武〟（「元和」は元号、「偃武」は武器をおさめて用いないの意）であったのだから。

先を見通して、淀殿に意見ができたのは、見渡す限り、血縁者の織田信雄《のぶかつ》（信長の次男）、同有楽斎《うらくさい》（信長の弟）あたりであったろうが、彼らにはそもそも、その気がなかっ

■豊臣秀頼・淀殿自刃の場所

たろう。

秀吉は生前、前田利家《としいえ》こそ、と頼りにしていたが、残念ながら、この人は秀吉を追うように他界してしまった。

いかに人的工夫をしたとしても、人間の寿命ほど計り難いものはない。淀殿の失敗は、そのまま秀吉の失策であったが、さて、これに替わる妙案はあったであろうか。

節義を全うしたが、人物が未完であった　宇喜多秀家

決戦の前に負けていた!?

関ヶ原の決戦を前に、西軍の事実上の主将・石田三成は、味方と信じる五奉行の一《いっ》・増田長盛に宛てて、密書を認《したた》めている。その中で、

「備前中納言殿《びぜんちゅうなごんどの》（宇喜多秀家《うきたひでいえ》）、このたびの覚悟、さりとは御手柄《おてがら》、是非《ぜひ》なき次第に候《そうろう》。〈中略〉一命を棄《す》てて御かせぎの体《てい》に候」

と、五大老の一・宇喜多秀家に対する絶大な信頼、秀家がいれば徳川家康に勝てる、との強い思いを述べていた。

なにしろ秀家は、純粋に武人としての筋を全《まっと》うしようとしていたのだから、三成の評価にも頷《うなず》ける。

——すべての要因は、その幼少期に決定付けられていた、といってよい。

元亀三年（一五七二）、秀家は乱世の梟雄《きょうゆう》・宇喜多直家《なおいえ》の嫡男として、備前（現・岡山県南東部）の石山城（岡山城）に生まれている（生年は異説あり）。

父の直家は、極悪非道の人としかいいようのない〝悪漢〟であった。

もともと備前の一土豪にすぎなかった彼は、備前・美作《みまさか》（現・岡山県北東部）両国の諸城を陰謀と毒殺で、次々と攻略——ついには主家・浦上《うらがみ》氏をも滅ぼして、中国筋の戦国大名にのしあがったが、それはちょうど、織田家の中国方面軍を率いて、羽柴秀吉が東から進攻を開始した時節でもあった。

その時機《タイミング》で、直家は病《やまい》にかかり急死してしまう。あとに遺された秀家は、十歳であった。西隣には、巨大な毛利家が控えていた。死の直前、直家は親族や家臣たちを信用できず、息子の将来を織田信長に託し、その周旋《しゅうせん》を秀吉に求めた。

信長は当初、難色を示したが、秀吉の説得に折れ、直家の遺領を安堵《あんど》し、その代償として岡山勢一万の大軍は、織田家の中国方面軍司令官である秀吉に加勢することになる。

従三位左近衛中将、若き豊臣の五大老・宇喜多秀家。
貴公子の、関ヶ原の戦い、薩摩への潜行、八丈への流罪……

本能寺の変、その後の秀吉の活躍を挟んで、天正十三年（一五八五）、十四歳で元服した「秀家」（秀吉の秀と直家の家をとる）は、秀吉の猶子《ゆうし》（他人の子を養って自分の子とする）になった。その養い親の秀吉の推挙により、秀家は従五位下侍従《じゅごいのげじじゅう》となり、その後、わずか十六歳で従三位左近衛中将《じゅさんみさこのえちゅうじょう》に昇進、参議に叙せられる。

さらに天正十七年、秀吉は養女（前田利家の四女）豪姫《ごうひめ》を秀家の奥方に娶《めあわ》せた。

このような秀吉の、秀家に対する格別の厚意は、己れの死後、次代の豊臣家を秀家に支えてほしい、との思惑あればこそであり、秀家は幼少期から、その将来を嘱望《しょくぼう》されていた、ともいえる。

天正二十年の朝鮮出兵（文禄の役）に際し、秀家は元帥《げんすい》（派兵軍の総司令官）として渡海。それなりの、箔《はく》付けにはなった。

慶長三年（一五九八）、病に臥《ふ》した秀吉は、いよいよ自らの最期が近いことを悟り、豊臣家の後事を託すため、徳川家康（五十七歳）・前田利家（六十一歳）・毛利輝元（四十六歳）・上杉景勝《かげかつ》（四十四歳）、そして秀家を「五大老」に定める。秀家はこの時、最年少の二十七歳であった。

秀吉の秀家に対する処遇は、実母・お福《ふく》の方《かた》のおかげだ、との説もある。彼女は絶世の美女といわれ、夫・直家の死後は秀吉の側室となっている。

いずれにせよ、こうした環境の中で成人した秀家が、一途《いちず》に豊臣家のためだけを考え、関ヶ原での決戦に臨んだのも無理からぬことであったといえよう。

ところが関ヶ原の戦いは、彼の参加した西軍の敗北となった。

が、それより前に、すでに東軍の総大将・徳川家康に、秀家は足許を見透かされていたことは、後世の学びとして、ぜひにも押さえておきたいところだ。

不均衡《アンバランス》な西軍の副将

秀家は本来、武将に求められる、家臣に対する統率、統禦《とうぎょ》が全くできなかった。この欠陥は、関ヶ原の帰趨《きすう》を決めたのみならず、その生涯をも損なうことになったといえる。

貴公子である彼は、宇喜多家の家政を、自ら総攬《そうらん》したことがなかった。

秀吉が常々、手許に秀家を置いていたため、城中作法や朝廷との交渉の術《すべ》には長《た》けていたが、彼は肝心要《かなめ》の、武将として身につけなければならない多くのことを、全く身につけていなかった。領国経営も直接、触れる機会を持たなかった。

これは秀家のみならず、織田信長の直孫である秀信《ひでのぶ》にもいえることだが、絹にくるまれるように大切に育てられた人々は、往々にして、人の機微、世間というものが理解できないものらしい。

秀家は家政を見るという、彼にとって最も重要な責務を果たすことなく、秀吉の選んだ家臣にすべてを任せて、その報告のみを一方的に聴くことでしか、家臣とのつながりを持っていなかった。

なるほど秀吉が元気でありつづければ、問題は表面化することはなかったろう。

親会社、主力取引銀行《メーンバンク》を気遣う企業経営の役員を、家政を任された家臣に置き換えて考えればよい。無論、主人秀家に対する忠誠心、思いといったものが前提とはなるが、万一、秀吉の寿命が尽きれば、宇喜多家の重臣たちはどうするつもりであったろうか。

経営にタッチしてこなかった飾りだけの社長は、一律、その企業を追われかねない。

秀吉の寿命が読めなかったのと同様、天下人の彼が宇喜多家の後事を託した人物の寿命が尽きれば、全ては当然の如くに瓦解《がかい》する懸念があった。

人間の命数を計ることはできない、と歴史は繰り返し語っているのだが、多くの事例は抜本的な問題を解決しようとはせず、安易に彌縫策《びぼう》（一時のがれのとりつくろい）を行い、他の人に実務の代役を求め、その結果として大失敗をすることとなる。宇喜多家も秀家も、同断であった。

関ヶ原の戦いの前年になって宇喜多家では、新参ながらも秀家に重用され、家政を任されていた重臣・中村次郎兵衛《じろうひょうえ》と、反対派の戸川達安《とがわみちやす》・岡越前守《おかえちぜんのかみ》ら（いずれも譜代の家臣）の間で、家中を二分する確執、抗争が起きてしまう。

家内でこの争いを収めることができなかった宇喜多家は、豊臣家に仲介を頼み、間に入ったのが徳川家康と大谷吉継《よしつぐ》の二人であった。

すでに秀吉は亡く、家康は秀家を己れの敵と見定めていた。

もしも、関ヶ原の戦いにおいて、反対派も取り込んで、宇喜多家が一つとなって決戦に臨んだならば、関ヶ原の戦いは、その戦力だけで勝利できたかもしれなかった。

家康は宇喜多家のお家騒動を仲介したように見せながら、実力行使を回避したものの、反乱者の多くを牢人にさせ、巧みにその後見にまわった。

つまり、宇喜多家は二つに割れ、家勢は著しく劣化したのである。

けれども秀家には、事の重大さ、ひいてはそれを収束できなかった己れの欠陥が分からない。ただ彼には、己れの豊臣家における立場、揺るぎない信念だけがあった。

慶長五年の夏、西軍が編成されたおり、大坂城での作戦会議の席上、秀家は籠城ではなく、勇ましく出撃することを主張、西軍の諸将の賛同を得ている。

西軍の作戦は、大坂城に総大将・毛利輝元と五奉行の一・増田長盛を残して、主君秀頼の守護とし、副将となった宇喜多秀家を中心に、石田三成、大谷吉継、長束正家《なつかまさいえ》らが美濃《みの》（現・岐阜県南部）・尾張に出陣することに決せられた。

東西両陣営の緒戦となった東軍の伏見城攻めに、秀家は西軍の主将をつとめ、八月一日、死闘の末にこれを落としている。戦陣の彼は、さすがであった。

この戦いを契機として、戦雲は一挙に拡大。やがて、九月十五日の決戦を迎える。

未決算勘定《アンバランスド アカウント》

——宇喜多勢は兵力を割っても、展開した現有兵力一万七千余は強かった。

殺到する東軍の多くを引き受け、決して後ろへさがらない。

だが、秀家には本当ならあるべき宇喜多勢の予備兵力がなかった。

さらに、追いうちをかけるような小早川秀秋《こばやかわひであき》（もとは秀吉の猶子）の裏切りが発生し、西軍の旗色は一気に悪くなる。やがて宇喜多勢にも、大谷・小西両隊の総崩れが伝わり、ついには戦線維持が不可能となった。

秀秋の裏切りを知った秀家は、怒髪天《どはつてん》を衝《つ》き、小早川の本営に斬り込んで玉砕しようと主張するが、前衛隊長の明石全登《あかしぜんとう》（てるずみ、などの読みもあり）に諫《いさ》められ、再戦を誓って落ちのびることに――。

秀家を戦場から離脱させた宇喜多家では、関ヶ原のあと、主君・秀家の死を発表して時間を稼ぎ、この間に秀家は東軍の哨戒線《しょうかいせん》をくぐり抜け、半年ぶりに、実母のお福＝円融院《えんゆういん》の邸（現・大阪府堺市）に辿《たど》りつく。

さらに、ここに半年余り潜《ひそ》んだ秀家は、慶長六年、堺より船便で薩摩《さつま》（現・鹿児島県西部）に潜行。島津家の保護を受けることになる。この時、島津家は家康を相手に、もう一戦やるつもりであり、そのおり秀家の名声に期待したのである。

秀家はその身半分――戦場での外見によって、常に評価されてきた嫌《きら》い（傾向）があった。秀吉の猶子、五大老の一《いっ》、大大名宇喜多家の当主――云々。

ところが、徳川家と島津家の和睦が成立すると、今度は島津家にとって秀家は邪魔者となる。島津家は、秀家の正室の実家＝加賀前田家とも相談し、約二年後の慶長八年八月、秀家に自首させ、家康にとりなしをおこなった。

もはや、徳川家の威信は揺るがない。駿府へ呼び出された秀家は、慶長十一年に八丈島《はちじょうじま》（現・東京都八丈島八丈町、伊豆諸島南部）へ流罪となる。

十二人の従者とともに、鳥も通わぬこの離島に送られた秀家は、苦難の生活を送りながら、ときに望郷の念に泣きつつ、この島で五十年を生き、八十四歳の長寿を終えた。

秀家に学ぶべき失敗は、〝可愛い子には旅をさせよ〟（大切でかけがえのない子には、その将来のために旅をさせて、様々な苦しみや辛さを体験させた方がよい）――これをさせなかったことに、尽きたように思われる。

しかし、時代を超えてこの道理は、実践されることが少ないのが現実であった。

明暦《めいれき》元年（一六五五）十一月二十日、悲憤のうちに一生を終えた秀家の墓は、今も八丈島に残っている。

第二章

〃大きな壁〃は越えられないのか

“待ち”に徹した功罪
北条早雲

下剋上《げこくじょう》を先駆けた男

日本史は戦国時代の幕明けを告げた人物として、領有していた伊豆国（現・静岡県伊豆半島と伊豆諸島）から、一気に箱根の坂を下り、相模小田原城《さがみおだわら》（現・神奈川県小田原市）を実力で切り取った「北条早雲《ほうじょうそううん》」を挙げてきた。

だが、本人は「伊勢新九郎《いせしんくろう》」、あるいは号して「伊勢宗瑞《そうずい》」と名乗ったことはあったものの、一度も「北条」姓、しかもその下に「早雲」をつけて名乗ったことはなかった。

「北条」姓を名乗ったのは、彼の子・氏綱《うじつな》の代からである。

鎌倉幕府北条氏の流れを汲む韮山城主家に養子入りした伊勢新九郎。
二代目から北条姓を名乗る

けれどもここでは、便宜上、「北条早雲」でいく。

早雲の出自は、室町幕府政所執事《まんどころしつじ》（幕府の政所の長官）・伊勢氏の一族とされている。

室町幕府の御家人に連なっていた過去はあったようだが、十一年つづいた応仁《おうにん》の乱がひとまず終息をみたとき、すでに四十代半ばとなっていた彼の境遇は、駿河《するが》一国の守護・今川義忠《いまがわよしただ》――より正確には、その内室であり、妹（異説もある）の北川殿《きたがわどの》――を頼った、単なる食い詰めものの牢人者《ろうにんもの》でしかなかった（早雲の生年については、康正《こうしょう》二年〈一四五六〉説が近年は勢いを得ているが、これまでの定説でしか学べないこともあるため、以下、本書では永享《えいきょう》四年〈一四三二〉生年説に基づいて記述する。それとは別に、年齢を二十四歳差し引いて、従来の説と比較しながら、新説でその生涯をたどってみるのも、歴史の応用としては面白いように思う）。

北川殿には義忠との間に龍王丸《たつおうまる》（のち今川氏親《うじちか》）があり、この子を父の急死後、お家騒動の渦中に当主に据えたことで、早雲は今川家より富士郡下方庄《しもかたのしょう》（現・静岡県富士市）を賜わって、興国寺城《こうこくじじょう》（現・静岡県沼津市根古屋《ねごや》）を居城とすることに。

彼は領民の困窮の状況を調査し、賦税を軽減するとともに、開墾を奨励。その一方で、蓄えていた金銭を、低利息で貸与している。領地からあがる税を増やすためには、先行投資が必要なことを、早雲は知っていた。

そうしながら、伊豆韮山城《にらやま》（現・静岡県伊豆の国市韮山）に注目している。

この辺り、先々のことを考えていた様子がうかがえる。

この地は将軍の下の執権――鎌倉幕府の北条氏――の流れを汲《く》む城主家が治めていたが、当主が亡くなると間髪を容《い》れず、たってと請われて早雲が養子入りしている。

おそらく日頃から、忍耐強く誼《よしみ》を通じて、北条家の家臣の主だった者を懐柔していたのであろう。この場合、六十歳の人物を養子に迎えるよりは、前途の新説＝三十六歳と考え直した方が通りは良いが。

ただ、この韮山城入りは早雲にとって、まだ野望の途中でしかなかった。彼は〝箱根の嶮《けん》〟を越える計画を、この頃、すでに心に抱いていた。

人生に成功する人は二十代で、三十歳のとき自分はどうありたいか、を具体的にイメージしている。そのために今、何をしなければならないのかを逆算できていた。

延徳《えんとく》三年（一四九一）四月に、「関東公方《かんとうくぼう》」の一《いっ》・堀越公方《ほりごえくぼう》の足利政知《あしかがまさとも》が没し、長子・茶々丸《ちゃちゃまる》がその跡を継承した。ところが彼は突然に継母を殺害し、彼女が産んだ幼い弟・潤《じゅん》童子《どうじ》をも殺すという暴挙を引き起こす。

早雲はこの事件の報に接するや、家督を息子の氏綱に譲り、自らは隠居宣言を発する。「早雲庵宗瑞」と名乗った彼は、自らの病気療養と弘法大師《こうぼうだいし》（空海《くうかい》）の霊跡を巡礼するため、との名目を周囲には吹聴し、伊豆の修善寺《しゅぜんじ》温泉（現・静岡県伊豆市）に向けて出発。しばしの逗留《とうりゅう》を決め込む。茶々丸は、早雲の偽装と彼の年齢に油断したかも。

長所の中の短所

早雲は温泉につかりながら、山樵《きこり》を呼び、伊豆四郡の地理をこまごまと尋ね、各々の武家、国人の内情などを、聞き上手に徹して相手にしゃべらせ、自らの情報収集に納得すると、そそくさと駿河に引きあげていった。

そして、かつて仕えた室町幕府に近づいた。ときの十一代将軍・足利義澄《よしずみ》は堀越公方政《まさ》知《とも》（六代将軍・足利義教《よしのり》の子）の実子であり、茶々丸が殺した継母は、義澄の実母・円満《えんまん》院《いん》であった。

つまり、将軍義澄にとって茶々丸は、実母と実弟の仇となる。討ち取ってよいかどうか、の承認を早雲は将軍に求めた。どうやら、了解が得られたようだ。

そうした手順を踏んだうえで、別の合戦に出撃して堀越御所（現・静岡県伊豆の国市）の警固の手薄になるのを待ち、迅速果敢に手勢二百人と、今川家からの援兵三百人の合計五百人を率いて、清水浦《しみずうら》（現・静岡市清水区）から伊豆に押し渡った。

堀越御所を包囲すると、早雲は火を放って激しく攻めたてる。時間をかけすぎると、援軍が戻って来る可能性があった。茶々丸はこの戦いに敗れ、自害して果てる（諸説あり）。徒手空拳《としゅくうけん》で、ついに伊豆一国を横領した早雲――この辺りで彼は、己《おの》れの野望の矛を収めてもよかったはずだ。今日の感覚に置きかえれば、八十歳を超えてなお、新規事業に乗り出す経営者がいるか否か。そのように、比較検討してみるとよい（早雲が五十代後半ならば、理解はしやすいが）。そして早雲は、箱根の向こう側――小田原を、さらに欲した。

なぜか。自らの独立した領土が欲しかったからであり、彼は親しい今川家との、将来の起こり得るかもしれない衝突まで考えていた可能性が高い。

ただし、早雲はことを短兵急《たんぺいきゅう》には起こさなかった。用心深く準備し、相手の崩れるのをひたすら待った。見方をかえれば、自身の命数との勝負であったといえる。

――これが定説の、早雲の真骨頂であった。

明応《めいおう》三年（一四九四）八月二十六日、小田原の名将・大森氏頼《うじより》が病没した。

氏頼のあとは、その子・信濃守藤頼《ふじより》が嗣《つ》いだが、早雲はしきりとこの藤頼に親交を結びたい旨を伝え、若き後継者を持ち上げて油断させたところで、鹿狩りにこと寄せて、一気に小田原城を乗っ取った。六十四歳にして箱根を越えた早雲は、その後、さらに二十四年間（十七年間とも）生きたが、さすがにこれ以上の領土拡大は考えなかった。

彼は今風にいえば、〝一人勝ち〟したと思われることを、徹底して避けたのである。日本人はとりわけ、〝一人勝ち〟を嫌い、そういう人物に嫉妬する民族の性癖のようなものを持っていた。攻めから守りに転じた早雲は、領民を慈《いつく》しみ、下剋上を手伝わせた今川家や別途、周囲の守護家にも細心の注意を払って交際している。

一介の浪々の身から、早雲はついに戦国大名の先駆けに登りつめたが、その成功の秘訣は、忍耐強く〝待ち〟に徹する姿勢に尽きた。その根底にあったのは、人間感情の機微を察する、苦労人ならではの配慮に負うところが大きかったように思われる。

享年は一応、八十八と伝えられている。

早雲は、人生の成功者であった。多くの優秀な人々が、晩年に傷を残すのに比べて、彼は余裕を持って『早雲寺殿廿一箇条《そううんじどのにじゅういっかじょう》』という家訓まで書き遺し、この世を去っている。

朝倉孝景《あさくらたかかげ》が遺した『朝倉家之拾七ヶ条』（『朝倉孝景条々《じょうじょう》』などの別称あり）が、代々、守られなかったことに比べ、北条氏は五代にわたって関東に覇権を唱えることができた。申し分なし。

が、あえて蛇足を述べれば、北条氏は早雲の遺言を徹底して守り通したために、専守防衛の思想がいつしか国是となり、長所としては、天下一の小田原城に象徴される鉄壁の守りを生み出したが、一方で衆議を大切にする家風により、攻めることを極端に嫌悪するようになってしまった。できるかぎり平和裡《へいわり》に、他領を併合したい、との思いは結果として、四代氏政《うじまさ》の時代にこれまで最大の領土を獲得しながら、大企業病ならではの〝小田原評定〟という言葉を生み出してしまった。

先代氏康《うじやす》の時代に比べ、関東を制覇した北条氏は、いつしか若々しい活力を失い、老大国化し、天下人秀吉の思惑も察することができず、滅亡の道をひた走ってしまった。

社風、カラーの功罪は、今も昔も変わらない。

信長に認められた極悪人
その最期にみせた意地　松永久秀

三大梟雄《きょうゆう》の筆頭

日本史上最大規模で、最も長期におよんだ内戦＝応仁の乱（一四六七〜一四七七）は、日本人そのものを変えてしまった。乱以前において、生まれた境遇に疑問を持つ者はなく、すべての人が宿縁と受け止めていた。

ところが、乱のあと、これが一変する。

すべては、実力のある者が上に立つべきだ、となった。

下の者が、上の者にとってかわることを「下剋上」という。

主君・信長の形勢悪し、と見れば叛逆する松永久秀。
最後は、名品「平蜘蛛」釜と共に爆死した

「下剋上」が日常化したのが戦国乱世であり、この中から後世、〝下剋上の三大梟雄〟として、その筆頭に挙げられたのが松永弾正少弼久秀《まつながだんじょうしょうひつひさひで》であった（残る二人は、第一章で言及した宇喜多直家と、第三章で取り上げる斎藤道三《どうさん》）。

年賀の集まりで、久秀が従属していた織田信長《おだのぶなが》のもとに拝謁に出ると、そこへ信長の同盟者・徳川家康《とくがわいえやす》がやって来た（以下、湯浅常山《ゆあさじょうざん》『常山紀談《きだん》』に拠る）。

すると信長は、家康に久秀を指さして、いったものだ。

「三河どの、この老人が松永弾正でござるよ。心の許せぬ奴《やつ》じゃが、この男、他人のまねのできぬことを三つまでやってのけた。一つは、十三代将軍・足利義輝《よしてる》を弑逆《しいぎゃく》したこと。二つは、主家《しゅか》の三好《みよし》家を滅ぼしたこと。三つには、奈良の大仏殿を焼き払ったこと。普通の者には、この一つでもできまいに、三つともやってのけたのがこの老人でござるよ」

久秀はバツが悪く、赤面して顔を伏せたというが、あえて彼のために弁明すれば、将軍義輝を殺した件に、久秀は直接的には関与していなかった（後述）。

また、三好家は内紛で分裂したもので、久秀が滅ぼしたとはいえない。

なるほど『足利季世記《きせいき》』（畿内の合戦記）に拠れば、主君・三好長慶《ながよし》の長男である義興《よしおき》を、食物に毒を入れさせて殺したのは久秀とあるが、これはあくまで風聞にすぎず、義興二十二歳の若死《わかじに》は、久秀が犯人と断定できるものではなかった（病死説もあり）。三好家の内紛は、長慶の弟（四男）・十河一存《そごうかずまさ》を病で失って以来の主導権争いであり、長慶の弟（三男）・安宅冬康《あたぎふゆやす》を成敗したのは長慶本人であった。

奈良大仏殿は、久秀の敵軍となった三好三人衆らによって、火矢を仕掛けられたのであり、久秀が意図して大仏を焼いたものではなかった。いずれも濡れ衣なのだが、あの男なら当然――と思われたところに、久秀の問題点があった。

彼は天文《てんぶん》十八年（一五四九）、四十の齢《よわい》を超えてから、歴史の舞台に登場した。

当時、京都を中心とした近畿地方の主要部を制圧していた三好家の、最有力家臣として、京都、堺を束ねる役割を担い、久秀は現れてその後、主家の内部抗争の中、永禄《えいろく》三年（一五六〇）には大和《やまと》（現・奈良県）一国を独力で平定する。

河内境《かわちざかい》の信貴山《しぎさん》（現・奈良県生駒《いこま》郡平群《へぐり》町）に城郭を築き、ついで奈良北郊の多聞《たもん》城（多聞山城とも　現・奈良県奈良市）へ移ったが、この多聞城は本格的な漆喰塀《しっくいべい》と瓦屋根のある建物で、加えて堅牢な石垣で守られた、近世城郭建築の先駆けとの栄誉を担ってきた。

久秀は京都・堺・奈良の三都市を手中にし、信長に先んじて〝天下布武〟を成した主君・三好長慶が死去すると、主家の実権を握るようになる。

主家の三好を継いだ義継《よしつぐ》（十河一存の子）を圧迫し、京都から追い落とした久秀は、英邁《えいまい》ゆえに邪魔者の将軍・義輝を、己れの嫡男・久通《ひさみち》や三好家の〝三好三人衆〟らが襲ったのを傍観している（義輝の享年は三十）。

以後、京畿《けいき》地方は久秀の天下となったが、先見性に富むこの男は、信長が十五代将軍候補の足利義昭《よしあき》を奉じて入京すると、それまでの経緯《いきさつ》をすべて捨て、その幕下に入った。

久秀の図々しいのは、〝窮鳥《きゅうちょう》懐に入《い》れば猟師も殺さず〟を知って、開き直って信長に膝を屈したところにも如実であった。

将軍義輝の弟である義昭が、十五代将軍となるや、彼は久秀を殺すように信長に求めたが、人物を道具と見なす信長は、久秀は悪党だが使える、と考えて、臣下の礼をとった久秀を守った。

「この男は、天下平定に必要なのです」

と。これほどの温情をかけられれば、人間、それまでに悪業を重ねていればいるほど、普通は改心して、主《あるじ》のために発奮するもの。

織田家の筆頭家老をつとめていた柴田勝家《しばたかついえ》も、一度は敵として信長と戦ったものの、敗れたのちは、信長に生命《いのち》懸けで仕えている。久秀は信長の〝信〟に応えるべく、畿内の反織田勢力を駆逐。信長から大和国の守護に任ぜられている。

二度にわたる弑逆の失敗

ところが元亀《げんき》三年（一五七二）十月、甲斐《かい》（現・山梨県）の武田信玄《たけだしんげん》が上洛戦を敢行すると、久秀はこれまでの信長への忠誠を、信玄上洛後の己れの利益と、両天秤に掛けて思案してしまう。信長からの実入《みい》りは、大和一国だけだった……、と。

おまけに、このときの織田家は、信長に反発した将軍義昭の計略で、大坂本願寺《ほんがんじ》、比叡《ひえい》山延暦寺《ざんえんりゃくじ》、北近江《きたおうみ》（現・滋賀県北部）の浅井長政《あざいながまさ》、越前《えちぜん》（現・福井県中北部）の朝倉義景《あさくらよしかげ》が目下、三好三人衆と共に〝信長包囲網〟を形成して、磔台《はりつけだい》にかけたように信長軍の動きを止めていた。

信玄が西上して来れば、織田軍対武田軍の戦いの中で、己れは漁夫の利を得られ、領土はさらに増えるはずだ、と久秀は得意の、損得勘定の算盤《そろばん》を弾《はじ》いた。

そして突然、信長に叛旗《はんき》を翻《ひるがえ》す挙に出たのである。

だが、期待した信玄は、どうしても読み切れない命数＝寿命で、上洛途上の元亀四年四月、この世を去ってしまう（享年五十三）。

久秀は圧倒的な織田軍の中で、孤立・包囲される。けれども、心臓の強い久秀は、この〝死地〟においても冷静に、まだ信長は自分を必要としている、と計算して、いけしゃあしゃあと降参して出た。

首を斬られるか、と思われた久秀は、信長に許され、多少の罰則《ペナルティ》は科せられたものの、どうにか首はつながった。が、それで改心するような久秀ではない。

今度は上杉謙信の、上洛が噂された。天正《てんしょう》五年（一五七七）十月のことである。

「今度こそ――」と、久秀は情報収集より感情論を優先させ、再び謀叛《むほん》の旗を揚げた。

思うのだが、この時、久秀は自分の都合のいい判断・解釈をして、自らを益しようとしたのではあるまいか。

冷静・客観的であるべき状況判断に、主観＝感情論が入っては、まともな決断が下せるわけはなかった。信長への不平・不満が久秀の脳裏を独占していた。

信貴山城に立籠り、ひたすら謙信が畿内に入るのを待った。だが、謙信はそもそも畿内への出陣は考えておらず、関東への出撃の直前に脳溢血《のういっけつ》で倒れ、この世を去ってしまう。

享年四十九。

今度の久秀の裏切りには、私情が入りすぎていた。彼はここで、本来のしたたかな人物に戻る。今度は信長も、許してはくれまい。さて、どうしたものか。

ところがその久秀に信長は、秘蔵する「平蜘蛛《ひらぐも》」の茶釜を渡せば、その方《ほう》の生命は助けてやる、と申し伝えてきた。

一瞬、あるいは迷いが生じて、久秀の計算能力が乱れたかもしれない。

「わしは茶釜以下か――」

再び血をのぼらせた彼に、いい知恵も浮かばなかったのだろう。久秀は意地になった。「平蜘蛛」に火薬を詰め、己れとともに吹き飛ばして爆死する。享年は六十八。

奇《く》しくもこの日が十年前、合戦の余波で大仏殿を焼いてしまった、同日同時刻であったことから、人々は仏罰が久秀に当たった、といい合ったという。

まさに奸雄《かんゆう》らしい、剛愎《ごうふく》で壮烈な最期《さいご》であった。

が、信長に二度、助命させて生き残りをはかれば、久秀のその後、後世の評価はどう変わったであろうか。彼ならば、何かしら人々が驚くような結果を出せたようにも思えるのだが。

冷酷と誠実さで、乱世を生き抜く前田利家

二十代の大失敗

戦国乱世の中に生まれ、のちに〝加賀《かが》百万石〟（加賀は現・石川県南部）の藩祖となった前田利家《まえだとしいえ》は、常に主君にめぐまれた運のいいやつ、といわれてきたが、本当にそうであったのか。運にめぐまれただけの人物であったのだろうか。

もともとの出自は、尾張国《おわり》（現・愛知県西部）海東郡《かいとう》前田（現・名古屋市中川区）の荒子《あらこ》城主・前田利昌《としまさ》の子として、利家は天文七年（一五三八）に生まれている。

主君は織田信長、なるほど主運《あるじうん》には恵まれていた。が、利家は前田家の嗣子《しし》ではなかっ

前田利家。「かぶき者」から徳人に？　信長のもとで柴田勝家に、
その後、秀吉、家康に仕え、加賀百万石の礎となる

た。四男である。

本来なら、利家に前田家の家督が回ってくる道理はなかったろう。

しかもそれ以前に、彼は一度、大きな不始末をしでかして織田家を逐電《ちくでん》（逃げ出して、行く先をくらます）をし、牢人生活を送っていた。

ここで彼の生涯は、終わっていてもしかたがなかったろう。

信長の取り巻きの一人として十代を送った利家は、二十一歳で、前田家に養われていた十歳年下のまつと祝言《しゅうげん》している。翌年、長女の幸《こう》を儲《もう》けた。にもかかわらずこの年、利家は血気にはやって、同じ織田家の同朋衆・拾阿弥《じゅうあみ》を斬殺し、織田家を出奔《しゅっぽん》している。

当時の利家は、「かぶき者」として知られる、派手な服装をし、世の中を斜めにみて、己れの我《が》を張り、何か気に入らないことがあれば暴れるという、非常に短気な若者であった。

四つ年上の主君信長も、一時、大いにかぶいていたが、十九歳（二十歳とも）で父・信秀《のぶひで》の急死をうけ、家督を継いでからは、尾張一国の平定にむけて、懸命の努力を傾注していた。

利家の事件は、そうした中で起ったものであった。

織田家の重臣・柴田勝家の取成《とりな》しで、わずかに帰参の望みをつなぎながらも、利家にはなかなか、その許しが出なかった。今川義元《よしもと》との桶狭間《おけはざま》の戦いにも、牢人として陣借《じんが》りして織田方に参加したが、信長は無視。取り付く島もなかった。

――ここが、人生、最初の分れ道であったかもしれない。

性格を考えれば、ここで利家は立腹し、あるいは腐《くさ》ってしまい、他家への仕官を親類縁者に紹介してもらい、流れて仕官してもおかしくはなかった。

性格的には、その可能性の高かったのが、利家である。

だが、利家は感情的にならず、実直に織田家のみに縋《すが》り、ようやく美濃（現・岐阜県南部）攻略戦の途次《とじ》に、信長から帰参を許されている（二十四歳）。

筆者《わたし》は、この若き日の〝脱線〟が、まずは利家を変えた、と考えてきた。

牢人中、生活に困窮した利家は、恥も外聞もなく、それまでの己れを猛省したようだ。

その態度が信長に認められたのであろう、永禄《えいろく》十二年（一五六九）十月、信長のお声がかりで、長兄・利久《としひさ》がいたにもかかわらず、その病弱を理由に、前田家の家督をつぎ、知行二千四百五十貫をもらう分限となった。

この時、利家は従来の「かぶき者」のカッコウを気取り、家督相続はいたしません、無用のことです、とはいわなかった。

その後、拡張する織田軍にあって利家は、実戦の中で体を張り、北陸方面軍司令官となった勝家の幕下に入って、部将として活躍している。

天正三年（一五七五）、越前（現・福井県中北部）の府中《ふちゅう》城主（三万三千石）となった利家は、六年後の十月には破格の能登《のと》一国（現・石川県北部）を与えられ、七尾《ななお》城主となっている。石高にすれば、二十三万石である。

筆者はこの辺りが利家の実力、能力の上限であった、と見ている。

この利家がなぜ、〝加賀百万石〟の藩祖となり得たのか——彼が生涯の命運を賭けたのが、天正十一年四月、主君・信長の横死後、織田家の主導権争いとなった、勝家と羽柴《はしば》（のち豊臣《とよとみ》）秀吉《ひでよし》が戦った賤ヶ岳《しずがたけ》の一戦であった。

信長亡き後、織田家の相続権をめぐってのこの一戦へのかかわりで、利家は能登一国から、飛躍的な身代《しんだい》〝加賀百万石〟を、ついには手にすることになる。

——彼はこの一戦で、何をしたのか。

勝家の陣営にあった利家は、勝敗いまだ決せぬ、一番重要な局面で、まさかの裏切りを決断して実行、敵である秀吉側に走ったのである。

それでいて利家は、史上に名を残す律義者となり、多くの裏切り者と一線を画する好印象の人となった。まるで、手品か奇術のようですらある。

賤ヶ岳の真相

まず、利家はなぜ、勝家を裏切ることができたのか――牢人生活のおりも、何かと気をつかい、ドン底の生活を支えてくれたのは勝家であった。

信長の勢力が拡大する中で、自らを励まし、鍛え、能登一国の主人としてくれたのも、上司の勝家であった。利家は勝家を「おやじ殿」と敬い、慕っていた。

おそらく利家は、常日頃から勝家と秀吉の二人を、冷静に観察していたのだろう。勝家を心から尊敬しつつ、利家は冷静に、両者の性格を比較することを忘れなかった。

万一の逆境に再び追いつめられた時、己れはどうすればいいのか。若くして生活苦に悩まされた利家は、己れの生き残りを最優先に考え、そのうえで可能な限り、人柄を買ってもらうため、双方に対して誠実であろうと努力した。

天正十一年（一五八三）二月二十八日、勝家は亡き主君・信長に与えられた北陸の北ノ《きたの》庄《しょう》城（四十九万石　現・福井県福井市）をついに出陣。沿道を除雪しながら、近江に向けて進軍を開始する。実に力強い行軍であり、その総勢は二万――。

ときに勝家軍の先鋒《せんぽう》は、闘将として聞こえていた佐久間盛政《さくまもりまさ》であった。

盛政は秀吉軍の前衛に対して、緒戦で勝利し、さらに四月二十一日には賤ヶ岳の秀吉方要塞を攻略する計画を立てる。秀吉は直ちに、一万五千の軍勢を大垣（現・岐阜県大垣市）から進発させ、賤ヶ岳北方に退却を図った盛政を追い、賤ヶ岳頂上の砦《とりで》に入った。

この辺り、本能寺の変の直後に演じた〝中国大返し〟の、スピード感が活きていた。

二十一日午前六時、盛政軍が秀吉軍と激突する。

戦況は一進一退――このときであった。突如、勝家方の利家の軍勢が、切迫する持ち場を離れて、勝手に撤退をはじめたのである。

「思うところあって、帰国いたす――」

当然のことながら、彼の裏切りは勝家方の全陣営を瞬時にして瓦解《がかい》させた。

利家が居城の一つ、府中城へ戻った半日後、結果として敗軍の将となった勝家が、府中城を通りかかった。

利家は自らの行動を正当化すべく、ここで勝家の生命を狙わず、己れが裏切った上司を正面から応接した。この行為が、その後の利家の人柄、印象《イメージ》を決定づけたといってよい。勝家も立派だった。否、利家は「おやじ殿」に救われたといってよい。

このとき勝家は、利家の利敵行為を一言も責めず、逆に、今日までの忠勤を感謝して、これからは秀吉について運を開け、と告げて別れたという。

利家は織田家に仕えていた時代、出世してきた秀吉の家と、並んで住んでいたこともあり、秀吉とは家族ぐるみの交際をしてきた。そのことを、勝家も当然、知っていた。

加えて、府中城に迫った秀吉も、敵味方が定かではない利家に対して、単身で城内に乗り込み、利家にその裏切り行為を感謝したことで、利家の面目は大いに施されたといえる。

以来、利家は年を経るにしたがって、武人らしい風韻《ふういん》を身につけ、秀吉が築いた豊臣政権にあっては、「五大老」に列し、秀吉の死後は家康と並び称されるまでの重鎮となった。

その利家が五郎正宗《まさむね》の脇差《わきざし》を帯びて、秀吉の死後、独自に動き始めた家康と、差し違えることを企てたという。『利家夜話』によれば、次のような作戦であったらしい。

「わしが内府《だいふ》（家康）に斬りかかれば、徳川の家来どもがわしを斬るであろう。わしが殺されれば、他の武将（大名）たちも黙してはいまい」

しかし家康は利家を招いた宴会で、最初からへりくだり、五郎正宗を抜くきっかけを、ついに与えなかったという。本当に利家は、家康を亡き者にするつもりでいたのだろうか。改めて利家への返礼に、家康が大坂玉造《たまつくり》（現・大阪市中央区玉造二丁目）の前田屋敷を訪れると、利家は殺害計画もどこへやら、家康に己れの暇乞《いとまご》いをしている。

慶長《けいちょう》四年（一五九九）閏《うるう》三月三日、利家は帰らぬ人となった。享年六十二。死を迎える十日前、彼は嗣子の利長《としなが》に遺書を認《したた》め、後事を託すとともに、細々《こまごま》とした訓戒をしていた。そのなかで、利家は言う。

「わしの死後、秀頼《ひでより》公に謀叛する者が現れる。それに備えよ」

だが、きわめて利家らしいのは、ついに利長や重臣たちにむかって、「家康を討て」とは具体的に遺言しなかったところであろう。

利家は後継者の利長の器量を、己れ同様、家康におよばず、と考えていたのであろうか。それとも次の世は家康のものになる、と強《したた》かな戦国武将らしい勘を、以前から働かせていたのだろうか。

家康と対決する道を選ばなかったために、その見返りとして、利長―利常《としつね》と受け継がれた前田家は〝加賀百万石〟となり、天下を取った家康の庇護《ひご》下、江戸時代をそのまま生き残り、見事、明治の世を迎えることに成功した。

しかし、家康および徳川家＝江戸幕府への配慮が過ぎて——外様《とざま》で一番大きい大名として、いつ潰されるかしれない、との心配から——幕府にのみ目をむけ、時勢をはからず、財政破綻をかかえたまま、ついに幕末維新を迎えた加賀前田家は、これはといえる人物を出すこともなく、その存在を輝かすことはついになかった。

〝長いものには巻かれろ〟（権力・勢力のある者には抵抗するより、いいなりになっていた方が得である）は一面の真理ではあったが、半面、やる気、活力をも大いに削《そ》いでしまう危険性を秘めていた。

——実に難しいところではあるが、組織の成長という観点から見れば、守勢に立つ者は、攻めかかる者より失うものの方が多い、ともいえそうだ。

不可能を可能とした発想の転換
〝海将〟九鬼嘉隆

日本最強の水軍

戦国武将・九鬼嘉隆《くきよしたか》といえば、〝海将〟として名高いが、彼をして日本史上の著名人に仕立てあげたのは、その主君・織田信長であったといってよい。

もしも、嘉隆がほかの戦国大名に仕えていたならば、彼は海賊に多少毛の生えた、〝海の兵《つわもの》〟程度の評価で、その生涯を終えていたように思われる。

もともとこの人物は、海上の用兵的逸才《いっさい》ではなく、個人の資質にしても、とりわけ海上戦に巧みな手腕を持ち合せていた、とはいえなかった。

伊勢・北畠氏配下の土豪の出、九鬼嘉隆。
信長配下で重装巨船団を統帥し、海将として名を上げる

彼に才能があったとすれば、信長の着想＝無理難題を真摯《しんし》（まじめ）に受け止め、己れの誇りを捨てて、忍耐強く、懸命に主命に応えた、その姿勢＝具現化した技術開発への、あくなき挑戦を、最後まで行ったことであったろう。

天文十一年（一五四二）、九鬼嘉隆は〝志摩《しま》七人衆〟と称された、伊勢《いせ》（現・三重県の大半）・北畠《きたばたけ》氏配下の土豪《どごう》「九鬼」の家に生まれていた。先祖は南北朝時代が終わりを迎えた頃（一三六〇年代）、志摩波切《なきり》（現・三重県志摩市大王町《だいおうちょう》波切）に土着したという。

勢力はさほど、大きくない。しかも嘉隆は、その嫡流とはいえ次男であった。兄・浄隆《きよたか》の死後、その子・澄隆《すみたか》を後見したが、世は戦国時代のまっただ中である。伊勢湾・志摩半島の湊《みなと》や航路をめぐる土豪間の対立抗争に呑みこまれ、挙句《あげく》、嘉隆は波切を追われて尾張へ逃亡を余儀なくされる。

なぜ、尾張なのか。当時、日の出の勢いの信長が、部将の滝川一益《たきがわかずます》（近江出身とされているが、伊勢または志摩出身とも考えられる）を使って、しきりと北伊勢攻略の機会をうかがっていたからだ。

永禄十二年（一五六九）八月、嘉隆は信長の伊勢大河内城《おかわち》（現・三重県松阪市大河内町）の攻略に、船手《ふなて》の大将として参戦。北畠氏と盟約を結んでいた武田氏からの援軍、兵糧などの海上輸送を阻止して、大いに活躍した。

信長は人間を〝道具〟とみる癖、〝性能〟で判断する傾向が強い人物であったため、嘉隆を〝使える〟と認識したようだ。そうなると、嘉隆の出番は増える。

天正二年（一五七四）七月、信長は嘉隆に伊勢長島《ながしま》（現・三重県桑名《くわな》市）攻略の従軍を命じ、海上より敵の拠る大鳥居《おおどりい》の砦《とりで》（現・三重県桑名市多度町《たどちょう》大鳥居）を、さらには長島城（現・三重県桑名市長島町西外面《にしども》）を十数艘《そう》の軍船でもって、陥落させた。

嘉隆はこのようにして、かつての同僚〝七人衆〟を自らに従属させ、鳥羽《とば》城（現・三重県鳥羽市）に居住することとなる。この時期、嘉隆は信長の次男・信雄《のぶかつ》に直属し、志摩の宗主的地位を得ていたが、〝海将〟としての名を天下に轟《とどろ》かすまでには至っていない。

――なにしろ日本には、瀬戸内海という荒潮のうずまく海域がある。

ここで自在に船を操れる者が、日本の〝海〟の王者だ、と世上の人々は認めていた。

嘉隆が名をあげるためには、瀬戸内の王者＝毛利《もうり》水軍に勝たねばならず、その前提として、織田方の手痛い海戦での敗戦が必要であった。

天正四年七月、毛利水軍八百余艘の大船団が、摂津《せっつ》（現・大阪府北部と兵庫県南東部）の木津川《きづがわ》河口に殺到した。〝信長包囲網〟の主力を担う、摂津大坂本願寺（現・大阪府大阪市中央区）を、信長の攻囲から救うべく、総力を挙げて海上から、来襲してきたのである。本願寺が陥《おち》れば、次には毛利氏が織田家を、一手に引き受けねばならなくなる。

すでに同盟の浅井・朝倉両氏は滅亡し、最も頼りとされた武田信玄も、志半《なか》ばに病没してしまった（死因は胃がん、食道がんなどの消化器系のがんか）。

味方が相次いで戦線離脱する中、毛利氏は反織田勢力の本願寺を、自己の生き残りのためにも救援せねばならなくなる。

淀川水系の支流である木津川口において、大海戦となったが、兵数の差に加え、毛利水軍の「焙烙火矢」（円形の陶器に火薬をつめた爆弾）を駆使した巧妙な戦術に、織田方は奔弄され、完敗してしまう。兵糧・武器は、本願寺へぞくぞくと陸揚げされてしまった。

海上の〝付城《つけじろ》〟を造れ

多くの織田方諸将が敗北・落胆する中で、ひとり信長は思いもよらない発想の転換――短時日で毛利水軍を粉砕する方法を考えついていた。

従来の水軍は何よりも、機動力重視であった。戦うにせよ、輸送・補給を実施するにしても、迅速さが生命であったが、信長は水軍の生命ともいうべき、この機動力を否定することで、毛利水軍を殲滅《せんめつ》しようと考えたのである。

「船で戦うから敗けるのだ。大坂湾の奥の、狭くて機動力の発揮し難い水域に、海上の〝付城〟をつくり、陸戦の感覚で敵を待ち受けてはどうか」

海上での合戦を、攻城戦に見立てたのだが、そうなると敵の矢・鉄砲だけでなく、投げ入れ弾や火矢にも耐え得る巨船が必要となる。

「燃えない大船を六艘、急ぎ建造せよ」

天正六年八月、この難題を信長から押しつけられたのが、嘉隆であった。

そして幅七間（約十二・六メートル）、長さ三十間（五十四メートル）の巨船＝鉄甲船が、信長の財力を傾けて、急ぎ建造された（長さには諸説ある）。

建造責任者の嘉隆が、最も苦心したのは、重要部分の装甲に鉄板を使用し、燃えない工夫をしたこと。攻撃兵器として、六尺から九尺（約一・八～二・七メートル）の大鉄砲（口径二～三センチ）を、この大船に積み込むことであった。

海の付城＝鉄甲船を、目的地まで運ぶのは、大変な苦労であったろう。

それでも、水上戦で勝てない毛利水軍を木《こ》っ端微塵《ぱみじん》にするには、これしか織田方には方法がなかった。懸命の据付けが行われた。

二ヵ月後の天正六年十月十二日、次いで十一月六日、毛利水軍六百余艘は二度、木津川（現・大阪市南西部を流れる淀川水系下流の分流）へ殺到して来る。

この間、天下無敵の毛利水軍は、何ら新しい工夫をしていなかった。

かつて同様に〝無敵〟といわれた武田家の騎馬隊が、長篠《ながしの》・設楽原《したらがはら》の戦いで、どのようにして信長に粉砕されたかを、毛利家の将領は改めて考えたこともなかったろう。

強者の、油断であった。

嘉隆は指揮下の六艘の大船に、敵船をひきつけ、満を持して大砲を撃ち放ち、織田水軍を二度とも完勝に導いた。

それにしても、と思う。

毛利水軍は一度目の出撃で、海の付城の恐ろしさに、気づくべきであった。

が、これまでの戦勝の歴史が、反省をうながさず、彼らを過信させ、攻め方の戦術を多少工夫するだけで、安易に二度目の戦いに挑んでしまった。

すでに、これまでのやり方が、通用しないことを理解しないままに――。

二度の大勝で、織田方水軍警固衆として、九鬼水軍の名は不動のものとなり、嘉隆は伊勢・志摩に三万五千石を与えられる分限となった。

それでも毛利氏は、陸戦なら織田軍に勝てる、と考えたようだ。

結局、中国方面軍を率いて現れた羽柴秀吉に、降参に近い和睦を結ぶこととなる。

信長の死後、嘉隆は豊臣秀吉に従い、朝鮮出兵にも船手の大将として参加。関ヶ原の合戦では、息子の守隆《もりたか》を徳川家康の東軍に参加させ、みずからは西軍（石田三成《いしだみつなり》方）に荷担し、海上から東軍の領内を砲撃。守隆が不在の鳥羽城をあっさりと奪って籠城。

余裕をもって臨んだものの、まさかの半日の関ヶ原の決着で、さしもの嘉隆も度《ど》を失い、戦後は城から逐電したものの、外交戦を展開する息子の活躍を待てず、潜居先で自害し、その五十九歳の生涯を閉じてしまう。

蛇足ながら、守隆は家康より加増されて五万六千石を領有したが、水軍としての実力を恐れられた九鬼氏は、その後、摂津三田《せっつさんだ》（現・兵庫県三田市）三万六千石と丹波綾部《たんばあやべ》（現・京都府綾部市）二万石へ分封・減封となり、まったく陸《おか》に揚がった河童《カッパ》となってしまった。

家康の天下取りに貢献した本多忠勝の「見えない壁」の処し方

家康に過ぎたる理想の三河武士

徳川家康が天下を取る過程で、後世に〝徳川四天王〟と敬慕された四人の部将が、数多《あまた》いる家臣団の中から際立ってくる。

酒井忠次《さかいただつぐ》・本多忠勝《ほんだただかつ》・榊原康政《さかきばらやすまさ》・井伊直政《いいなおまさ》の四名。このうち前二者は安祥譜代《あんじょうふだい》――文明《ぶんめい》年間（一四六九〜八七）からの、松平《まつだいら》家（のち徳川家）の家臣――という長い系譜の中にいた。その意味で忠次と忠勝は、典型的な「三河《みかわ》武士」といって差し支えあるまい。

天文十七年（一五四八）、父を本多忠高《ただたか》、母を植村氏義《うえむらうじよし》の娘として、平八郎《へいはちろう》忠勝は三河

敵将・秀吉を感動させた本多忠勝。
それは、8万の軍勢に500で臨み、主君・家康を死守しようとする姿だった

（現・愛知県東部）で生まれている。家康より、六歳の年少であった。

忠勝はかなり早熟な少年であったようだ。十三歳にして、初陣を飾《かざ》っている。永禄三年（一五六〇）五月のことである。上洛をめざす東海の太守《たいしゅ》・今川義元の先鋒となって家康が尾張国大高《おおだか》城（現・名古屋市緑区）へ兵糧を運び入れたおり、忠勝も従軍していた。義元が織田信長に桶狭間山で奇襲され、戦死するに及び、信長と同盟を結んだ家康のもとで、以来、忠勝は歴戦の将をつとめることになる。

それだけに彼は、武勇一点張りの人物と見られがちであったが、あながちそうともいえなかった。元亀三年（一五七二）十月のことである。甲斐の武田信玄が二万二千余の大軍を率いて、遠江《とおとうみ》見付《みつけ》の原《はら》（現・静岡県磐田《いわた》市周辺）に押し寄せてきた。

家康は天龍川に出陣し、その先陣は川を渡って三加野《みかの》（現・静岡県磐田市）に進出。その数、八千余――。

ここで家康は、忠勝に戦術をはかった。答えて、忠勝はいう。

「地の利は敵にあり、ここは一応退くが得策かと――」

ところが、敵味方の距離が接近し過ぎていて、味方に退陣命令を伝えるのが困難な状況となっていた。

このとき、敵味方の間に馬を自在に乗り入れ、縦横に馳せめぐらせながら、敵と味方を分け、味方に下知して無事に退かせ、自らは追尾しようとする敵軍を〃蜻蛉切《とんぼぎり》〃の名槍《めいそう》をふるって、突きくずし、殿軍《しんがり》役を見事に果たしたのが忠勝であった。ときに、二十五歳である。

見事にしてやられた武田勢も、若い忠勝の不敵な豪勇ぶりを、かえってほめて称揚《はや》した。

家康に過ぎたるものが二つあり
　唐《から》の頭《かしら》に本多平八（郎）

ついでながら、唐の頭とは兜《かぶと》の頂上に舶来品の犛牛《りぎゅう》（毛色のまだらな牛）の毛を飾ったもののこと。この頃、徳川家の将士の間で流行していた。

この見付の原の戦いの、三ヵ月後に行われたのが三方ヶ原《みかたがはら》の合戦である。

忠勝は徳川・織田連合軍の先鋒をつとめ、武田軍に奇襲をかける先陣をたまわり、待ち構えていた武田軍に完膚《かんぷ》なきまでに敗れる中、どうにか血路を開く役割をも担った。

その忠勝が、歳を取ってからのこと。

ある日、〝蜻蛉切〟の柄を三尺（約一メートル）ばかり切り捨てた。不審に思った家臣が、なぜそのようなことをされるのですか、と理由を訊《たず》ねると、忠勝は笑って答えた。

「すべからく武器は、己れの力を計って用うべきものである」

忠勝は若い頃のように、いつしか気力・体力的に槍《やり》が振れなくなっていたのであろう。〝蜻蛉切〟も、実戦で使ってこそ意味がある。格好をつけても武器として使えなければ、価値はない。家臣たちは忠勝の、名より実を取る姿勢に、あらためて敬服したという。

「見えない壁」をあえて越えず

この本多平八郎忠勝の、最大の見せ場を一つあげろといわれれば、筆者は天正十二年（一五八四）に、いまは亡き信長の遺児《いじ》（次男）・織田信雄に懇願され、家康が羽柴秀吉に挑んだ小牧《こまき》・長久手《ながくて》の戦いの、おりを推す。

秀吉はかつての織田家の先輩格・池田恒興《つねおき》（勝入《しょうにゅう》）の献策を容《い》れて、遠く戦場を離れて三河に侵攻するという、大胆不敵な大作戦「中入れ《なかいれ》」を許可した。が、家康・信雄連合軍の総数より多い大奇襲部隊総勢二万の軍勢は、その出陣をあっさり家康に察知され、四月九日、長久手（現・愛知県長久手市）で家康の本隊に討ち負かされてしまう。

少し遅れてこのことを知った秀吉は、大いに怒り、自ら長久手に打って出た。その軍勢、およそ八万（異説あり）。

忠勝はこのとき、小牧（現・愛知県小牧市）の陣を守っていたが、秀吉の大軍出陣を聞くや、「殿があぶない」とわずか五百の兵を率いて出陣する。

「兵は死地《しち》なり」（『十八史略』）――死生存亡の命運と言ってよい。

そしてそのまま、八万の秀吉軍を遮《さえぎ》るように、その前面に出た。

――が、無謀と言ってよい。五百は八万の前で、あまりにも少数でありすぎた。なぶり殺しにされるために、飛び込んで来たようなものだ。

ところが、この少数が目前に現れると、敵の総大将・秀吉は思わず涙を滲《にじ》ませる。

「わずか五百の兵をもって、わが大軍に挑むはもとより、死を覚悟のうえであろう。死を賭《と》して時を稼ぎ、主君家康の勝利をはかろうとする、その志は忠勇至極ではあるが、あまりに兵力が少なすぎる。あたら、勇者を討つべからず」

秀吉はあえて忠勝を討たなかった。

こうして忠勝は生命《いのち》を秀吉に救われながら、それでいて引き下がらず、一刻《いっこく》（約二時間）ばかりも小競り合いを演じて、家康の退陣のときを稼いだ。

おかげで家康は生きのび、慶長五年（一六〇〇）九月の、〝天下分け目〟の関ヶ原の戦いに臨むこととなる。この時、この忠勝は〝四天王〟の一《いっ》・井伊直政とともに、東軍先鋒の福島正則《ふくしままさのり》の監軍役（目付）として働き、九十余の敵の首級を挙げた。

翌慶長六年二月、忠勝は上総《かずさ》国大多喜《おおたき》（現・千葉県夷隅《いすみ》郡大多喜町）十万石から伊勢国に移封となり、桑名城（現・三重県桑名市）の城主として十五万石を与えられた。

同十四年、忠勝は家督を嫡子・忠政《ただまさ》に譲って隠居する。

翌十五年十月十八日、忠勝は六十三歳でこの世を去った。

後世、「三河武士」のイメージは、この本多忠勝をもって語られた、といっても過言ではあるまい。およそ非の打ち所のない彼に、あえて失敗を求めるとするならば、時代の変革期に遭遇したおり、次の時代への迅速な応対を怠《おこた》ったことであろうか。

豊臣政権は武断派と文治派の対立から亀裂を生じ、それを家康によって利用され、関ヶ原の戦いを境に大きく権勢を揺るがせ、ついには滅亡にいたった。

「狡兎《こうと》死して走狗《そうく》烹《に》られ、飛鳥《ひちょう》尽きて、良弓《りょうきゅう》蔵《おさ》められ、敵国破れて謀臣亡ぶ」（『十八史略』）

必要なくなれば、捨てられるというのは、見方を変えれば、局面に応じて求められる人材や才覚は異なるということ。

同じことは当然、徳川家においても起り得ることであった。

現に忠勝は晩年、本多正信《まさのぶ》と対立して、嫌な思いをさせられた。豊臣家の加藤清正《かとうきよまさ》や福島正則の立場を己れに置き、正信を石田三成と置けば、ことの道理は明白であったろう。

ものごとには、未知の領域を進んでいくと、「見えない壁」にぶち当たることがある。

これはうまくいっている時には見えず、歯車が狂いはじめるとはじめて、そこに〝壁〟があることに気づくもの。

忠勝は対豊臣問題を考えるなかで、当然のごとく「見えない壁」の存在を知ったはずである。にもかかわらず、彼はそれをわが身に置き替えて考えた形跡が、皆目なかった。

もしかすると忠勝は、「見えない壁」＝組織の時代に応じての転換を、内心では理解し、認めていたのかもしれない。

抵抗はするが、本気で時勢に諍《あらが》うつもりはない。それが彼の心底ではなかっただろうか。

生涯を精一杯生きた、年齢から来る達観であったようにも思われる。

秀吉を慕い、学びつづけた加藤清正の、大いなる失敗

難事両立の手腕

戦国武将・加藤清正がひとり、手際よくやってのけた歴史的な軽業《かるわざ》は、戦《いくさ》での武将としての強さを発揮したことと、領国経営に卓越した手腕を振《ふる》ったこと――この二つを、見事に両立させたことにあった。

奇跡といってよい。本来、合戦の勝利と領国経営は並立しにくい。

なぜならば、合戦に勝つには戦費の増大が懸案であり、その負担が重く領民にのしかかれば、領国経営は上からの圧政となって、善政は成り立ちにくくなってしまう。

単なる武闘派ではない、領国経営にも長けた逸材、加藤清正。
だが、主君・秀吉のような天下取りの野心は持たなかった

無理に収奪をくり返せば、領民は辟易《へきえき》（勢いにおされて尻込み）することとなり、生産力は落ちる。そうなれば、必要不可欠な領国運営は瓦解してしまう。

事実、清正の入封以前、肥後隈本《ひごくまもと》（現・熊本県熊本市）五十二万石を領有した戦国の猛将・佐々成政《さっさなりまさ》は、戦こそめっぽう強かったが、領内の国人《こくじん》・土豪《どごう》たちと施政方針＝税の徴収をめぐって対立。抵抗する一揆を誘発させてしまい、ついには天下人となっていた豊臣秀吉から、改易され、己《おの》が身《み》は切腹を命じられてしまった。享年五十（異説あり）。

それに比べての、清正の信じられない両立の成功は、何によってもたらされたものであったのか。最大の要因は、治めた肥後国の〝質〟そのものにあった。天正十五年（一五八七）、九州征伐の途上、肥後に立ち寄った秀吉は、この国の豊かさに驚嘆し、

「これほどの国は、今までに見たことがない。老後はこのような国で過ごしたいものだ」

といった意味のことを、中国地方の太守・毛利輝元《てるもと》に書き送ったほどであった。

古来、肥後は温暖の地ゆえ、物成《ものな》りの豊かな国として、日本屈指の農業生産力を誇ってきた。当然のように、二毛作《にもうさく》にも適している。にもかかわらず佐々は、成果を急ぐあまり、この好立地を活かせなかったのである。清正は佐々成政の失敗を教訓とし、二十七歳で肥後の北半国＝所領十九万五千石の領主として、まずは可能なかぎり領内経営に精進した

（この時、南半国二十四万石には小西行長《こにしゆきなが》が入っている）。

彼が肥後一国すべてを領有するのは、関ヶ原の戦いの論功行賞によってであった。清正は九州において、東軍を代表して西軍と戦った。関ヶ原の翌年＝慶長六年（一六〇一）に着工し、同十二年に完成したのが、改名した「熊本城」であった（異説もある）。清正の、名将としての声望が真に確立されたのも、この頃からであったかと思われる。

周知のとおり清正は、六尺三寸（約一・九メートル）あったといわれる偉丈夫。その口髭《ひげ》、顎《あご》髭の風貌は、有名な長烏帽子《ながえぼし》形の冑《かぶと》、激戦中に一方が折れたとされる片鎌槍《かたかまやり》などとともに、一つの清正像を定着させた。が、ここであえて、立ち止まって考えてみたい。

清正の武将としての名声と、領国経営成功の秘訣の、相関関係についてである。

先の、佐々との差異といってもいい。筆者は、加藤清正という人物は、実は主君秀吉と、酷似した性格の人ではなかったか、と推論してきた。

両者は同じ尾張に生まれている。しかも、庶民の中にもまれて成長し、他人を魅了する人柄・人望、そこから導き出される外交交渉の鮮やかさ、気宇《きう》の雄大さを身につけていた。

思いもよらなかった思考の角度

――二人は酷似している。だが、印象《イメージ》は真逆であった。

秀吉は実戦の指揮官としては、必ずしも勇猛ではなく、戦場功名の人とはいえなかった。逆に清正には、歴戦の勇将、剛直の闘将といった雰囲気が、生涯ついてまわっている。

これはあくまでも、文献的推察の域を出ないのだが、清正は十二歳で、当時、織田信長の家臣で、近江長浜《ながはま》（現・滋賀県長浜市）十二万石の城主となっていた秀吉の、手許《てもと》に引き取られている。以来、清正は秀吉の全人格を受け止め、己れの役割を、父とも主君とも頼む秀吉の、欠けた部分の補完と思い定め、生きることを決意したのではあるまいか。

清正の肥後経営は、そうした秀吉に学んだ成果であったとすれば、いかがであろうか。

清正の戦と経営の両立＝成功の秘訣は、この辺りにあったように思われる。

ただ惜しむらくは、主君秀吉がすべてとの物の見方、秀吉に仕えることを基準に凝り固まってしまった清正は、そのために自らの分限を定めてしまった。

――この点だけは、残念でならない。天下をめざす野心はもとより、秀吉の言動を「自分ならば……」と置き換えて考える事も、彼にはとんでもない不遜《ふそん》に思えたに違いない。

清正は秀吉のような、大きな野望を生涯、持たなかった。そのため、自己主張をふりかざす石田三成ら文治派の官僚たちとは馴染《なじ》めず、彼らと器用に、慇懃《いんぎん》に（礼儀正しく）接して宥和《ゆうわ》（大目にみて仲良く）することもできなかった。

また後年、秀吉の死後、かわって頼った徳川家康に、その辺りの機微を見透かされ、ついには豊臣恩顧の武断派を代表しつつ、豊臣家滅亡の足音を聞きながら、慶長十六年（一六一一）に、この世を去らねばならない悲運にもつながってしまう。享年は、五十。

決して弱音を吐かず、つねに凛乎《りんこ》として乱世を生き抜いた加藤清正の、努力と忍耐力は立派であったが、豊臣家を守るという目的を結実させるための融通性、協調性を養うことができなかったことに、後世のわれわれは、反面教師として学ばねばならない。

豊臣政権も、合戦部門と兵站《へいたん》部門に分かれていた。この二つは互いに関連《リンク》して、威力を発揮するのだが、往々にしてそのかかわり合いが理解できないまま、ときに宿敵《ライバル》扱いして、互いの力を弱め合うことにつながってしまった。

歴史では時勢を味方につけた一方が、他方を抑え込むことで終息する——たとえば、徳川幕府のように——だが、抑え込まれた一方の力を、フルに活用できなくなる欠点を抱え込むことになりかねない。この点は常に考えなければならない課題のように思われる。

遅れて来た勝利者の晩節
伊達政宗

野心を抱きつづけた人生

〝遅れて来た戦国武将〟と、後世にいわれることになる伊達政宗《だてまさむね》が、そのことを実感したのは、天下人・豊臣秀吉と小田原において、出会ったときであったろう。

天正十八年（一五九〇）三月、関東の主盟《しゅめい》・北条氏に対して、秀吉が構えた小田原攻めに遅参した政宗は、一世一代の大芝居を打って、どうにか秀吉の機嫌をとり結び、からくも死を免れたものの、それまで政宗自らが実力で手に入れた会津《あいづ》（現・福島県北西部）・岩瀬《いわせ》（現・福島県南部中央の一部）・安積《あさか》（現・福島県中央部）の地を没収されてしまう。

天下取りを諦めてはいなかった伊達政宗だったが、
家康からの信頼を知って、泰平の世に長寿を全うする

二十四歳であった。

「もう少し早く、生まれていたならば――」

仮に政宗がそう悔いたとしても、そもそも出生を変えることはできない。

要は、その定められた誕生からの人生を、どう生きるかであったろう。

政宗は用心深く、天下取りの野心を潜めたまま、世を渡って行く。

豊臣政権下の大名として生き残り、秀吉の死後、政宗は徳川家康に接近。長女の五郎八《いろは》姫と家康の六男・松平忠輝《まつだいらただてる》の婚約をまとめ、慶長五年（一六〇〇）の関ヶ原の戦いでは当初の約束とは異なったものの、二万石の加増を受け、六十万石の大名になった。

仙台城と城下の建設に着手しつつ、それでも政宗は己《おの》が〝天下〟の野心をまだ持ちつづけていたようだ。

――慶長十八年、政宗がかかわったと風評される、大久保長安《おおくぼながやす》事件が発覚する。

この事件は、同年四月二十五日、当時の徳川幕府にあって、権勢ならぶものなし、といわれた重鎮――とりわけ幕府財政を主管していた――大久保長安が病死すると、家康はそれを待っていたかのように、長安に謀叛の疑いがあった、とその子息らを有無を言わせず死罪に処し、長安の財産を没収した。

■伊達政宗が会津などを秀吉に取り上げられた頃の伊達の版図

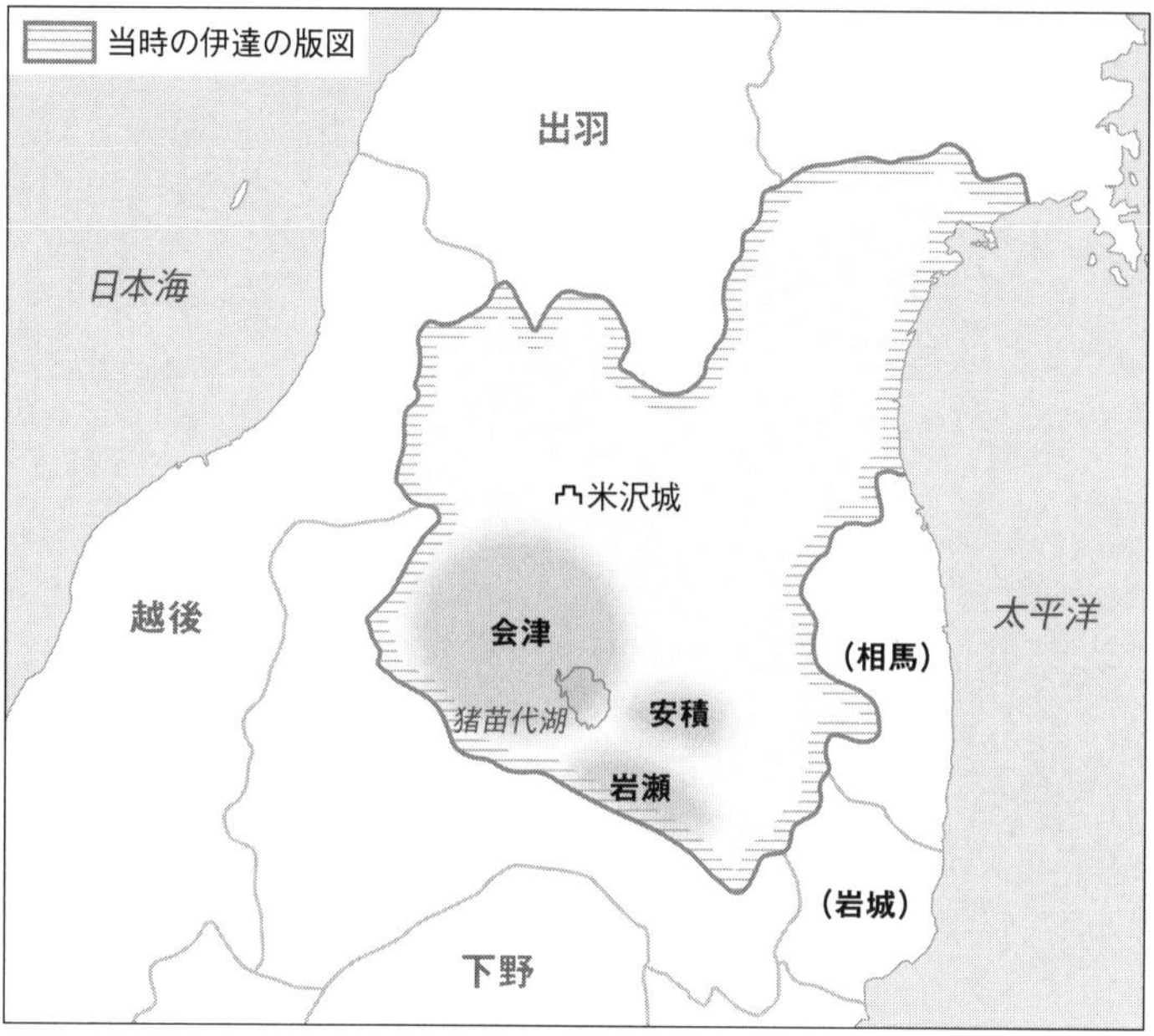

その二年後＝元和《げんな》元年（一六一五）九月、家康は当時、越後《えちご》国高田（現・新潟県上越市）に七十五万石の城主となっていた忠輝を、勘当《かんどう》する。

生前、大久保長安は忠輝の財政上の後見役をつとめており、その忠輝の義父は政宗であった。

徳川政権の安泰、天下静謐《せいひつ》を願う家康ならずとも、この三人の取り合わせは、きわめて危険な存在に映ったであろうことは間違いあるまい。

にもかかわらず、政宗は目立った動きを堂々としていた。長安事件が発覚する以前から、政宗は家康の内意を得て、仙台湾―江戸湾に周航する太平洋航路を開くべく、メキシコとの直接貿易を求めて、スペイン国王およびローマ教皇のもとへ使節を派遣するために、巨船「サン・ファン・バウティスタ号」を建造している。

そして、キリシタン禁止令が出された翌慶長十八年九月、仙台藩士・支倉常長《はせくらつねなが》を代表とする使節団は、家康の書状と政宗の親書を携えて日本を出発した。

通商のみを求めた家康に対して、政宗は別途、

「自分はキリシタンになりたいと思っている。できるだけ多くの、宣教師を送られたい」

との思いを、教皇パウロ五世に伝えるべく、親書において、

「私の考えていることについては、使節団同行の宣教師ソテロに聞かれたい」

と記したという。

政宗が何をルイス・ソテロに伝言したのか、いまとなっては知るよしもない。が、宣教師ソテロらは、母国の要人に宛てた手紙で、次のように述べていた。

「政宗は幕府を倒すため、スペイン国王と同盟を結び、援軍を得ようと考えている」

もしこれが本当で、政宗が討幕を計画していたならば、発覚すれば無論、領地は没収、その身は自刃させられたに違いない。

文倉使節団は七年に及ぶ航海の末、日本へ帰国したものの、常長は不遇を託《かこ》ったまま、二年後に病死している。政宗は動かなかった。否、動けなかったのである。

慶長十九年十一月からの大坂冬の陣、十二月に成立した和睦を挟んで、翌年五月八日の豊臣秀頼・淀殿《よどどの》の自害によって、幕を閉じた大坂夏の陣において、大坂城は落城していた。

加えて、同年九月、松平忠輝が大坂夏の陣に遅参したことで、武州深谷《ぶしゅうふかや》（現・埼玉県深谷市）に蟄居《ちっきょ》を命ぜられた。翌二年七月には改易となり、彼は伊勢へ流されている。

忠輝が改易となった年、平戸《ひらど》（現・長崎県平戸市）のイギリス商館長リチャード・コックスは、一月二十三日の日記に、次のように記していた。

「風評によれば、戦争はいまや皇帝（家康）とその子カルサ様（上総介《かずさのすけ》忠輝）との間に起こらんとし、義父政宗殿はカルサ様の後援をなすべし」

こうした世評は、〝政宗に野心あり〟との風説が、かなり早くから、しかも広く、流布されていたことをうかがわせた。大久保長安の財力で忠輝を押し出し、政宗の力でこの娘婿を次期（三代）将軍に据える――家康はこの企てを当然、想定していたであろう。

それゆえの、大久保長安の家族の処分、忠輝の改易といえた。次に家康が狙うのは、政宗本人であってしかるべきであったろう。

九死一生の決断

現に、元和二年（一六一六）の家康死去の少し前、政宗の仙台に、二代将軍・秀忠《ひでただ》が諸大名を率いて親征にむかう、との準備がなされ、ギリギリの決断で政宗が、病床の家康を二月に訪問したことで、九死に一生を得た場面もあった。

——それでも政宗は、失脚・滅亡を迎えていない。

早くには、長安をめぐる事件が顕在化するや、政宗は江戸にいた五郎八姫を、忠輝の越後に移住させ、長安の子息たちに死罪が確定すると、その翌日には自身も江戸から仙台へと引き揚げている。そして連日、鷹狩りで日を送る一方で、幕閣の要人をはじめ大名たちに贈物をしながら、用心深く慶長使節団の出発を待った。

また、忠輝蟄居の報に接したおりも、五郎八姫ともども仙台に戻ると、青葉城《あおば》（仙台城）に籠っている。

九死に一生を得て、守勢に回った政宗は、嫡子・忠宗《ただむね》に二代将軍・秀忠の娘を迎え、生き残りの対策を講じなければならなかった。

秀忠の親征準備を受けて、滅亡の淵に立たされた政宗に、病床にあった家康はいった。

「くれぐれも、秀忠をよろしくたのむ」

おそらくこの言葉を聞いた瞬間、政宗は己れの敗北を実感し、天下取りの野望を捨てたのではあるまいか。

それから二ヵ月後の四月十七日、家康は駿府《すんぷ》城内で没している（享年七十五）。

政宗は晩年になって、漢詩を詠んでいた。

馬上少年過ぐ　世平《よたいら》にして白髪多し
残軀《ざんく》、天の赦《ゆる》すところ　楽しまざるを是《こ》れ如何《いかん》せん

この述懐を、遅れて来た不運を抱きながら、生涯を終わらねばならない己れの、やり場のない吐息、と受け取るむきは多いが、筆者は、それでも生き残れたではないか、という政宗の屈折した感慨、納得と受け取ったのだが、読者諸氏はいかがであろうか。

寛永《かんえい》十三年（一六三六）五月二十四日、政宗は盤石となった徳川幕府を傍観しつつ、この世を去った。享年は七十。

当時としては大いに、長生きしたといえよう。

第三章

現代にも通ずる失敗と成功の分岐点

主君のために暗殺を実行して溺死!? 宇佐美定満

身内の敵

甲斐《かい》（現・山梨県）の武田信玄《たけだしんげん》に、〝幻の軍師〟（実在はしたが、軍師の役割は担っていなかった物語上の軍師）山本勘助《やまもとかんすけ》がいたように、越後《えちご》（現・新潟県）の名将・上杉謙信《うえすぎけんしん》にも、この天才戦術家に合戦の軍配を教え、『六韜《りくとう》』や『三略《さんりゃく》』、『孫子《そんし》』『呉子《ごし》』といった兵法を伝えた人物として、宇佐美駿河守定満《うさみするがのかみさだみつ》の名が伝えられている。

『北越軍談《ほくえつぐんだん》』（駒谷散人著・江戸時代の軍学書）では、姓は「宇佐神《うさみ》」、諱《いみな》は定行《さだゆき》、別に良勝《よしかつ》とも——こちらの軍師は、同時代より後世、その孫の勝興《かつおき》（別に良賢《よしかた》）によって喧伝《けんでん》

上杉謙信の越後統治を盤石にした宇佐美定満。
「野尻池の変事」で謙信の政敵を亡き者にしたといわれる

されたといってよい。

御三家の一《いっ》・紀州《きしゅう》（現・和歌山県と三重県の一部）徳川家を中心に、軍学が学問的体系をもち、その具現として、江戸期を通じて謙信の軍師として知られることに――。

定満がまとめたとされる軍学は、一般に「越後流」、あるいは「要門流《ようもん》」「宇佐美神徳流」「謙信三徳流」などと呼ばれて、全国諸藩に広まった。

もともと宇佐美氏は、鎌倉幕府発祥の地＝伊豆《いず》国の宇佐美（現・静岡県伊東市）の土豪《どごう》であり、越後守護・上杉憲顕《のりあき》の家来として越後入りした家系であった。

そのため定満は、守護を脅かす守護代の長尾為景《ながおためかげ》（謙信の父）と、対立した家の人でもあったことになる。

『北越軍談』では五十を過ぎた定満が、「関東管領《かんれい》」の没落と、佞臣《ねいしん》の跋扈《ばっこ》に愛想をつかして、浪々して京の都に至り、十四歳の謙信と出会った、ということになっている。

おそらくこの物語は、後世の付会《ふかい》であろう。が、謙信が兄・晴景《はるかげ》の跡を継いだ前後には、両者は実際に出会っていたかと思われる。しかも定満は、謙信側の人となっていた。

この間の事情は不祥である。謙信が十五なら、定満は一説に五十六。反対勢力との国内平定戦を戦う中で、定満は度々、戦況を謙信有利に導いたが、その手腕は中国古典兵法に学んだ点が多かったのかもしれない。

ただし、ここで見落としてはならないのは、数多《あまた》いる越後の武将の中で、「宇佐美定満」だけが、なぜ、大写《クローズアップ》しされたのか。その根本について、である。

謙信と勢力を二分し、その影響力はときに謙信をも上回った長尾越前守政景《えちぜんのかみまさかげ》に対する、その接し方、なかでもその最期《さいご》に主因があったように思われる。

定満の目には、主君謙信の従兄《いとこ》で、その姉を娶《めと》っている一門最大の重鎮・長尾政景は、謙信にとって最も危険な存在に映っていたようだ。

なにしろ、この政景の系統は本来、長尾家の嫡流筋にあたっていた。

彼は謙信より四つ年上。しかも代々、上田庄坂戸《うえだのしょうさかど》城（現・新潟県南魚沼市坂戸）を本拠にしており、率いる〝上田長尾衆〟といえば、勇猛で知られる越後兵団の中でも、精強で鳴っていた。さらには政景自身も、決して凡将ではなかった。

併せて定満は、「坂戸城の立地がよくないのだ」と、その地政を見立てていた。

坂戸城は信濃《しなの》（現・長野県）と上野《こうずけ》（現・群馬県）の国境に近く、越後を守るべき要害であったが、それは同時に、謙信の宿敵である武田信玄や関東北条《ほうじょう》氏を、手引きする可能性も捨て切れなかった。事実、政景謀叛《むほん》のうわさは常時、越後国内を駆け巡っていた。

二人の急死は防げなかったか⁉

宇佐美定祐《さだすけ》（勝興の子）の著した『甲越軍記』（江戸時代後期の軍談）では、謙信が定満を呼び寄せ、政景謀殺の密談をした、とある。

似たような話は、『上杉三代日記』にもあった。

実のところは分からないが、〝野尻池《のじりいけ》の変事〟が起きたのは、史実、永禄《えいろく》七年（一五六四）のことであった。

上杉家の史書『上杉家御年譜』に拠《よ》れば、七月五日、琵琶島《びわじま》城（現・新潟県柏崎市元城《もとしろ》町《ちょう》）の城主・定満（七十六歳）は、太源太《たげんた》川（魚野川水系　現・新潟県湯沢町を流れる）をさかのぼった谷後《やご》（現・湯沢町土樽）の野尻池に、納涼を求めての舟遊びを行った。

このとき、坂戸城の政景（三十九歳）を誘い、政景は嫡子の義景《よしかげ》、次男の景勝《かげかつ》をともない、三十余人の家来を連れてやって来た。

幾つかの屋形舟へ分乗し、舟の上で和気あいあいと酒盛りになったものの、政景を主賓として乗る定満の舟だけが、少しずつ他の舟と距離を広げる。

そのうち、こりゃ一泳ぎじゃ、と老齢の定満が池に飛び込むと、政景もつられて、同じく水の中へ——。

ところが定満も政景も、そのまま水面には現れず、底へ沈んでしまった。酔ってのうえの心臓麻痺《まひ》との解釈は、『上杉家御年譜』である。

一方、『北越軍記』などでは、宇佐美家の所伝としての秘事を記述——主客《しゅかく》の乗った舟の、舟底には穴があいており、入ってくる水にあわてる政景を、定満がとらえ、そのまま水の中へ引きずり込んだというのだ。

この記述が正しければ、定満は己《おの》れの生命《いのち》と引き替えに、政景を計画的に殺したことになる。ほかには、野尻池で喧嘩《けんか》があり、定満が政景を殺したのだ、という話も伝えられていた。

そういえば政景が、謙信側についた定満を、「覚悟を変えたか」と怒り、殺気立ったことも過去にあった。二人の、私怨に基づいての喧嘩もあり得なくはない。

いずれにせよ、この二人の死に謙信が関わっていたとすれば、親族殺しの悪名を彼は着せられ、再び上田長尾勢を敵にまわして、越後は内乱状態に逆戻りとなったかもしれない。

しかし、事故あるいは定満一人による陰謀であれば、その累《るい》は謙信に及ばない。

政景の葬儀は越後をあげておこない、その跡目は長男義景へ。次男の景勝は謙信の養子として、春日山城《かすがやま》（現・新潟県上越市）「中ノ城《なかのしろ》」（御中屋敷）に引き取られる処置がとられた。

半面、宇佐美家は琵琶島城をはじめ、領地をことごとく没収され、断絶となる。

さて、〝野尻池の変事〟の真相やいかに。気になって仕方がない。

もしも、〝幻の軍師〟定満の企てであったとすれば、ほかに手はなかったのか、と考えざるを得ない。

政景と定満を失うことなく、謙信の力とすべき方法——ここで突きあたるのが、生涯にわたる謙信の、説明責任の稚拙さであった。戦にはめっぽう強い謙信だが、外交・調略に必要な、人を説得する技術を、彼は皆目、身につけていなかった。

おそらく謙信は、政景のどの部分をどうしたいのか、定満に細やかに説明することができなかったように思われる。

だから定満は、独自の判断をくだささざるを得なかった。

筆者《わたし》は、謙信に説得の方法を伝授しきれなかったところにこそ、定満の失敗、無念があったように思われてならない。

けれども、閃き《ひらめ》型の謙信に対して、なぜそのように閃くのか、と尋ねても、謙信は己れの心の判断を説明することはできなかったに違いない。かといって、謙信の代理で定満が居並ぶ武将たちに説明できたかといえば、それも難しかったように思う。

人はなかなか、自らのやり方を変えることができない。

そのやり方で成果をあげてきたなら、なおさらであろう。

だが、組織運営の観点から見れば、この感覚的な統率は、一度《ひとたび》、トップの判断が狂うと、一気に組織を瓦解《がかい》させる恐れがあった。

突然、目が醒《さ》めたように、これまで考えもしなかった不安が、一気に構成員に押し寄せて、そこに説明責任を果たすことのできないトップを見ると、多くの人は恐慌《パニック》を引き起こすのだ。

やはり常に、今、何のためにこれをやっているのか、との疑問に対する説明は、用意しておくべきではあるまいか。

信長のために諫死した平手政秀の心象

蛮行の裏側

〝天下布武〟に王手をかけた織田信長《おだのぶなが》――その父・信秀《のぶひで》は、天文《てんぶん》（てんもん、とも）二十年（一五五一）三月三日、三年前に信秀自身が築いた尾張末森城《おわりすえもり》（現・名古屋市千種区《ちくさ》城山町）で亡くなってしまう（『万松寺《ばんしょうじ》過去帳』などでは、天文二十一年三月九日とも）。享年、四十一。死因は流行病《はやりやまい》という。

家督を相続した信長だったが、父の葬儀の場で、喪主であるにもかかわらず、葬儀の刻限に遅れた挙句、髪は茶筅《ちゃせん》に巻き立て、袴《はかま》もつけず、

忠臣？平手政秀は、信長のうつけぶりを戒める自害でなく、
信長に謀殺されてこの世を去った可能性がある

「くわっ」

と抹香《まっこう》を仏前に投げつけた。

日本の戦国時代は、この瞬間から本番を迎えることとなる。

何よりも、信長のこうした行為は、反対勢力を勢いづかせることになった。

天文二十一年春、鳴海《なるみ》城（現・名古屋市緑区）の山口紀継《のりつぐ》—紀吉《のりよし》父子が、今川義元《よしもと》へ寝返り、清洲《きよす》（清須）織田氏＝守護代《しゅごだい》・織田彦五郎信友《ひこごろうのぶとも》の家臣・坂井大膳《だいぜん》らも、信長は大うつけ者、恐るるに足らず、と叛旗《はんき》を翻した。

信長は那古野《なごや》城（現・名古屋市中区）を討って出ると、瞬く間に坂井らの軍勢を清洲へ押し返している。

——そこへ、思いもかけない平手政秀《ひらてまさひで》の諫死《かんし》事件が伝えられる。

天文二十二年閏《うるう》正月十三日のことであった。政秀の享年は、六十二。

従来の〝信長もの〟は、この傅役《もりやく》をつとめた政秀の死を、信長の素行を自らの死をもって諫《いさ》めたもの、と無条件に決めつけ、感動的に受け入れてきた。

しかし、真実はどうであったのだろうか。歴史は一度、立ち止まってみなければ、真実（あるいは別の可能性）はみえてこない。

『信長公記《しんちょうこうき》』には、政秀の長男である五郎右衛門《ごろうえもん》が良馬をもっていて、信長がそれを欲しがった話が、唐突に記載されていた。五郎右衛門に拒まれた信長は、そのことを遺恨に思い、以後、政秀とも不和になったというのだ。政秀はそれゆえ、信長への忠諫状《ちゅうかんじょう》を残して、自害して果てたという。

ここで読者に立ち止まっていただき、考えてもらわねばならないのは、戦国時代の主従関係と、信長その人の性癖であったろう。

戦国時代のこの頃、江戸期の儒学の教え＝君君たらずとも、臣臣たらざるべからず、といった考え方は、一般の武士の間にはなかった。主人を選ぶのは家臣の権利——なのに、政秀は死をもって諫言したという。信長が生まれて以来、後見してきた政秀であったから、信長への愛情も深かったのだろうか。

一方で、信長の性格である。

彼は短気な男には相違ない。自分の思ったとおりに物事が進捗しないと、もの狂おしいほどに立腹する。しかし半面、信長はいたって慎重な男でもあった。

釣師に似ている、と思ったことがある。名人釣師で気の短い人というのは、いざ釣場で糸を垂れると、ひどく気長に作業をするという。

信長の生涯にわたる戦いぶりをみてみると、その慎重かつ用意周到さに驚かされる。事前に十分に外交交渉を展開し、相手方を偵察して、観察し、情勢によっては謀略を用い、相手側の内部分裂を進めた。これは尾張国内の内戦以来、変わっていない。そして合戦となれば、可能な限り敵を圧倒できるだけの兵力を集結して、一気呵成《いっきかせい》に攻撃を敢行する。

こうした信長の〝気長さ〟から考えると、はたしてこの尾張統一の途次、内憂外患の多難な時期に、たかだか馬ごときに恨みを残して、大切な老臣の政秀を、自害に追いこむような軽率な行為を、信長はするだろうか。筆者は、信長が政秀を殺さねばならなかった理由が、他にあったのではないか、と考えてきた。

「花奢《かしゃ》なる仁」の油断

結論から先にいえば、信長の尾張統一事業に対して、実は平手政秀が最大の障害だったのではないか。筆者には、そう思えてならなかった。

歴史学の解釈風にいえば、

「信長は、下剋上《げこくじょう》のさらなる進化を阻止した」

ということではなかったのか。

公家・山科言継《やましなときつぐ》の『言継卿記《ときつぐきょうき》』によれば、尾張の信秀のもとを訪れた言継は、同時に平手政秀の邸《やしき》の大きさに驚嘆している。

『信長公記』も政秀を、「借染《かりそめ》にも物毎《ものごと》に花奢なる仁《じん》」と述べている。

花奢は派手な者をいうが、同時に言継は、政秀の財力の豊かさに驚いていた。

下剋上の時流に乗る信秀に対して、才覚・能力・手腕で及ばない、と判断した政秀は、従順にその意を汲《く》んで臣下の礼をとってきた。

が、さてその信秀が死に、その子である信長が後継となった時、政秀は信長に、どれほどの脅威、自らの至らなさを感じたであろうか。

のちのことながら、信長が本能寺で横死したおり、織田家の行く末を真に案じた家臣は、ひとり柴田勝家《しばたかついえ》だけであった。信長子飼いの羽柴《はしば》（のち豊臣《とよとみ》）秀吉《ひでよし》などは、これ幸いと主家を乗っ取ってしまっている。

戦国時代、この種の事例は枚挙《まいきょ》に遑《いとま》がない。

先代に忠勤を励み、同様に後継者をも守《も》り立てる忠義の主従関係は、江戸期に成立した儒学、なかでも朱子学《しゅしがく》の成果でしかなかった。

混沌とする戦国乱世にあっては、きわめて少ない例外を除いて、実はあり得ないことであったといってよい。

現に信長の父・信秀も、尾張半国の三奉行の一人から下剋上している。それを側《そば》で見て支えてきた政秀が、主人と同じ野望をもったとしても、不思議はなかったろう。

信長はこれ以上の、尾張国内での下剋上を阻止する必要から、政秀を自殺に追いやったのではなかろうか。『信長公記』にいう〝馬遺恨〟の一件も、その状況を作り出すために仕掛けた、謀略ではなかったろうか。

筆者が政秀自害に疑問を抱いたのは、自害後の平手家に対する信長の仕打ちに、首を傾《かし》げたからであった。

まず、政秀に諫死されても、信長の素行はいっこうに改まっていない。

また、政秀の遺子三人に対して、とりわけ信長がその後、優遇した事実もみられない。

むしろ、政秀の嫡男（三男）・汎秀《ひろひで》などは、死地へ追われたような形跡すらうかがえた。

武田信玄の上洛《じょうらく》戦に際して、徳川家康《とくがわいえやす》から援軍を乞われた信長によって、汎秀は選ばれて浜松城へ入城し、結果として三方ヶ原《みかたがはら》の戦いに出撃させられ、奮戦したものの戦死している。

読者の中には、信長が政秀寺《せいしゅうじ》を建立したことをもって、彼なりに反省したのだ、と思われる方がいるかもしれないが、筆者にはこの建立が、かえってわざとらしく思えた。生涯、神仏を信じなかった信長が、危急存亡の秋《とき》に直面する内戦の最中、わざわざ寺院を建立して、政秀を弔《とむら》おうとした行動には、寺の名が示すように、むしろ政治的なニュアンスを感じるのだが、読者諸氏はいかがであろうか。

政秀はおそらく、油断したのであろう。文武両道に優れていた信秀――同様の教養を持つ政秀にすれば、信長は単なる大うつけ者でしかなかった。

いつでも倒して、とってかわれる。その心の余裕のせいで、信長に策謀を仕掛けられ、気がつけば自刃しなければならない際《きわ》まで、追い詰められていたのではなかったか。

生まれた時から知っている、との安心が、油断となってしまったとすれば、政秀の場合、相手が悪すぎた、としかいいようがない。

あの世とやらで政秀は、その後の信長をどう評価したであろうか。

ぜひにも、聞いてみたい要諦である。

わが子・義龍と相剋のすえ、戦場に倒れた"美濃の蝮" 斎藤道三

うまくいきすぎた下剋上

戦国大名・斎藤道三《さいとうどうさん》は、一介の油売りから身を起こし、七度、名を変えて、ついには美濃《みの》一国（現・岐阜県南部）の主《あるじ》となった、といわれてきたが、これは明らかな間違いであり、史実は父子二代による下剋上であった。

道三の父・新左衛門尉《しんざえもんのじょう》は、北面《ほくめん》の武士の家に生まれたが、混乱する世上に生活が成り立たず、京都妙覚寺《みょうかくじ》の僧籍に入り、応仁《おうにん》の乱の最中、美濃へ流れて来て、妙覚寺の同門の紹介を得て、守護土岐《とき》氏の家臣となり、頭角を現して、「長井豊後守利隆《ぶんごのかみとしたか》」となった（『美濃

斎藤道三は一人で美濃を手にしたのではない。
父・長井利隆との連携があったからこそ、だった。子・義龍とも連携できれていれば……

明細記《めいさいき》』『江濃記《こうのうき》』『言継卿記』)。

彼は巧みに、守護代斎藤家にまぎれ込み、血縁関係が近いように振る舞い、周囲にそのことを印象づけた。

ときの美濃守護・土岐政房《まさふさ》は、およそ乱世の意識をもたない、おめでたい人であった。新左衛門尉こと利隆に信頼を寄せ、その異数の出世を後押《あとお》ししてしまった。

大永《だいえい》(たいえい、とも)七年(一五二七)、培《つちか》った実力で政房の長子・土岐頼純《よりずみ》(政頼《まさより》、盛頼《もりより》とも)を追った利隆は、頼純の弟の頼芸《よりのり》(よりなり、とも)に家督を継がしめる。国を追われた頼純は、越前(現・福井県中北部)の朝倉《あさくら》氏を頼って亡命。さらには、尾張の織田氏にも援助を要請する。

双方の武力にすがり、美濃での守護返り咲きをはかったが、一時期、美濃大桑《おおが》城(現・岐阜県山県《やまがた》市)に入城し得たものの、天文十六年(一五四七)十一月に病没(利隆による暗殺とも)。享年は、四十九歳であったと伝えられている。

美濃の実権を握った利隆の、成功にふわりと乗ったのが、その息子の長井新九郎規秀《しんくろうのりひで》(のち利政《としまさ》)――すなわち、斎藤道三であった。

天文七年、彼はまず守護代斎藤氏を継ぎ、その翌年には稲葉山《いなばやま》城(現・岐阜県岐阜市)

を居城としている。そしてついには、守護の土岐頼芸を美濃から追う。

頼芸が尾張の織田信秀（信長の父）を頼ったのは、それから四年後のことであった。

つまり、「斎藤道三」の美濃簒奪《さんだつ》は、父子二代にわたって行われたことになる。

蛇足ながら、頼純の子・「土岐二郎《ときじろう》（次郎）」こと頼充《よりみつ》（頼芸とも）に嫁いだのが、道三の娘・濃姫《のうひめ》（帰蝶《きちょう》）であり、頼充が二十四歳の若さで死んだため、一度、道三のところに戻って、改めて織田信長の許《もと》に嫁いだという。

つまり、信長に嫁いだ濃姫は、初婚ではなく、再婚ということになる。

さて、前述の〝無能〟と一蹴される頼芸が、実は一矢、道三に報いていた、との挿話があった。己れの側室を道三にさげ与えたおり、その腹の中にのちの道三の嫡男・義龍《よしたつ》がいたというのだ。そのことをのちに知った義龍が、道三を討ったというのだが――。

父と子の相剋《そうこく》

確かに、道三―義龍父子の間で争いは起きたが、しかしその原因は、領国経営の実権を巡るものであった。十四歳で元服し、新九郎義龍と名乗った道三の嫡男は、左京大夫《さきょうだゆう》（さきょうのだいぶ、とも）美濃守の官名も、父より譲られている。天文二十三年には、当主となった。

ところが、道三は決して己れの権力を、息子の義龍に渡そうとしなかった。

当然のごとく義龍は、父と距離を置くようになり、異母弟の孫四郎《まごしろう》（龍重《たつしげ》）が父・道三にかわいがられ、「左京亮《さきょうのすけ》」（『美濃国諸旧記《みののくにしょきゅうき》』）へ任官すると、義龍は弟にとってかわられるのではないか、と危機感を持ち、父と対決する腹を固める。

さらに道三は、同じく義龍の異母弟・喜平次《きへいじ》（龍定《たつさだ》）に、室町名門の「一色《いっしき》」姓を継がせた。これも義龍には、許せぬ行為と映ったようだ。

弘治《こうじ》元年（一五五五）十一月、まず道三の鷹狩りの留守をねらい、孫四郎・喜平次を仮病で呼び寄せ、義龍は二人を斬殺。父・道三とはここで、義絶する（龍重・龍定の享年は不詳）。

二人の子を失った道三は、すぐさま挙兵した。己れが精魂傾けた天下の堅城・稲葉山城下を放火し、長良川《ながらがわ》を渡って大桑城に自らは退却――。

父と子の戦いは年を越し、この間、道三は婿となっていた織田信長に、「美濃一国の譲り状」を贈送したという。

弘治二年四月二十日、義龍方一万七千余に対して、道三の兵力は二千七百余。さしもの梟雄《きょうゆう》・道三も、多勢に無勢で押され、ついに長良川で討ちとられてしまう。享年は、六十三と伝えられている（異説あり）。

美濃は、義龍のものとなった。父を自らの手で討った義龍ではあったが、彼は前述の寓話《ぐう わ》の流れには乗らず、「土岐」の姓を名乗っていない。本当は父を生け捕りにして隠退させ、その後は幽閉して事を収めるつもりであったという。

筆者もそうであったに違いない、と考えてきた。

義龍は父・道三に、子として限りない愛情を抱いていた雰囲気が、大いに感じられた。おそらく、子として父の力量を認めていればいるほど、素直になれなかったのだろう。

美濃国内には、道三のこれまでのやり方に対する不平・不満も、縷々《るる》蓄積されていた。

義龍は手違いで父の生命《いのち》を奪ってしまったが、その領国経営はことごとく、道三の手法を踏襲している。領民たちも義龍には懐《なつ》いており、信長が道三の死後を〝好機〟として、美濃併合をめざして攻めかかったものの、義龍存命中はついに成就しなかった。

義龍にとって残念なのは、彼が永禄四年（一五六一）五月十一日に病没してしまったことに尽きた。享年、三十五である。

その子・龍興《たつおき》は、祖父や父ほどに乱世の世相を理解していなかった。そのためついには、信長に美濃を併合されることになってしまう。

ちょうど、道三がこの世を去ってから、十一年の歳月が経過していた。

父と嫡子の相剋は、それこそ枚挙に遑がない。が、もしも道三が長子・義龍に理解できるように、実権を少しずつ譲っていたならば、その後の歴史は大いに異なっていた可能性は高い。

斎藤家の滅亡は、己れへの過信、後継者育成計画の不徹底——要は道三の失敗にあった、といえなくもない。

また、弟二人を殺した義龍も、いささか独断専行が過ぎたように思われる。父との仲介役として弟を育て、兄弟で打ち解けることができたならば、龍興の世の斎藤家も大いに変わっていたのではあるまいか。

人には明日は分からない。迂闊《うかつ》なことは極力、しないに越したことはない。

可能性や選択肢は、できる限り多く残しておく方が、長い目で全体を見渡した場合には、筆者には良いように思われる。読者諸氏はいかがであろうか。

中国地方を平らげた謀将の心配事　毛利元就

心配性の元就の言い草

戦国武将・毛利元就《もうりもとなり》といえば、安芸《あき》（現・広島県西部）の国人《こくじん》三十余人の一人、という境遇から抜け出し、一代で中国地方の十ヵ国を平らげた名将、あるいは有名な〝三本の矢〟の挿話《エピソード》を、誰しもが思い浮かべるのではあるまいか。

元就が臨終の床で、わが子の毛利隆元《たかもと》（長子）・吉川元春《きっかわもとはる》（次子）・小早川隆景《こばやかわたかかげ》（三子）の三人の男子に、各々一本の矢を与え、それを折らせたのち、三本の矢を束ねて折るように命じる。が、誰も三本の矢を折ることができなかった。

その様子をみて元就は、「兄弟三人が力を合わせれば、毛利家は末永く栄えよう」と諭《さと》したという挿話である。

しかし、誠に残念ながら、元就が七十五歳で臨終を迎えた元亀《げんき》二年（一五七一）六月の時点で、長子隆元はすでにこの世にはいなかった。八年前に、四十一歳をもって父に先立っている。また、次子の元春は出雲（現・島根県東部）の尼子《あまご》氏との戦いに出陣しており、父の臨終の枕頭《ちんとう》にはいなかったはずだ。

寓話としてはおもしろいが、この話はそもそも前提がおかしかった。読者はそのことに、気づかれただろうか。

元就臨終のこの年、元春はすでに四十二歳を数え、末弟の隆景は三十九歳であった。〝毛利の両川《りょうせん》〟と称された二人の将に、よもや元就が三本の矢＝稚拙な教訓を、垂れるはずもなかったろう。

「申事旧候《もうしごとふりそうろう》と雖《いえど》も弥以《いやもっ》て申し候。三人之半《のなか》（仲）少しにても、かけへだて候はば、ただだ三人御滅亡と思召《おぼしめ》され候べく候」（「毛利元就遺状」）

おそらくこれが、〝三本の矢〟のもとであったかと思われる。

弘治三年（一五五七）十一月二十五日に、元就（六十一歳）が隆元（三十五歳）・元春

謀略を駆使し、中国地方を平らげた毛利元就。後継に謀略の重要性は継承されず、
孫の代には防長二州のみの版図に縮まる

（二十八歳）・隆景（二十五歳）の三子に宛てた、〝御家誡《おんかかい》〟といわれる書状の一部である。

「――余之《の》者には取分替《とりわけかわ》るべく候。我等子孫と申し候はん事は、別而《べつして》諸人の憎まれを蒙《こうむ》るべく候間《あいだ》、あとさきにてこそ候へ、一人も人はもらし候まじく候べく候」

文意は先のものからつづければ、次のようになる。

「言い古したことではあるが、さらに繰り返して申し上げておく」

と、元就は執拗に言う。

――三人のうち、少しでも心を隔てて仲違《なかたが》いすることがあれば、必ずや三人とも滅亡すると思われるように。所領は他人に、必ずや奪われるであろう。わが子孫はとりわけ世の人々に憎まれているので、遅いか早いかはともかく、一人も見逃すことはあるまい」

元就はこの時が初めてではなく、平生からこうした心配事をくり返し口にし、書状に認《したた》め、三子を諭し、戒めていた。

それにしても、「一人も生き残れない」との決めつけは凄《すさ》まじい。

一面、この感慨は元就自身が実践して来た、結果の反省そのものでもあった。

安芸の小豪族・毛利弘元《ひろもと》の、次子に生まれたのが元就である。

明応《めいおう》九年（一五〇〇）三月、弘元は元就が四歳のとき、家督を長子の幸千代《ゆきちよ》＝興元《おきもと》に譲ったが、彼は永正《えいしょう》十三年(一五一六)八月に病没。この時、すでに元就の父母はなく、興元のあとを継ぐはずの、興元の子・幸松丸《こうまつまる》までが、七年後に夭折《ようせつ》してしまう。

その結果、はからずも元就が毛利宗家を継ぐこととなった。大永三年(一五二三)八月、彼は二十七歳であったが、このおりその前途は、大内《おおうち》・尼子といった大国に塞がれ、元就は生き残りをかけての、必死の行動を実践せねばならなかった。

伝承できない組織不変の主題《テーマ》

小よく大を制して、元就は一代で〝大毛利〟を築いていくわけだが、彼のやり口は権謀術数を可能な限りめぐらすことに尽きた。なにしろ、実兵力がない。領土も小さすぎた。

それゆえであろう、元就は嫡男・隆元に与えた教訓状の中で、当代武人の嗜《たしな》みとされる諸芸道は、一切無用だ、と断言している。

大切なことは武略・計略であり、調略だと。彼はその理由として、

「はかりごと(謀)多きは勝ち、少なきは敗け候と申す。兵書のことばに候」

とつづけ、勝敗の帰趨《きすう》は謀略にある、と断じた。

事実、元就は中国古典の兵法の理念などを、歴戦の中で実践してみせたが、それは直接、戦闘の場においての駆け引きばかりではなく、むしろ常套的な領土の拡張策においても、地縁や血縁による婚姻政策といった政略に、大半は権謀術数をもちいることであった。

その方が合戦で雌雄を決するより、はるかに確かで、経費もかからないということを、彼は別のところで述べている。

天文十五年（一五四六）十二月、元就は家督を長子の隆元に譲ったが、これより以前の天文十三年には、三男の隆景に小早川家を継承させていた。

さらに天文十六年閏《うるう》七月には、謀略によって次男の元春を、名門吉川氏の当主に据えるなど、姻戚関係の人脈《ネットワーク》の拡大・強化を、積極的におこなっている。

彼の謀略・陰謀については、井上元兼《もとかね》一族の誅戮《ちゅうりく》や本城《ほんじょう》一族の殺害、対陶隆房《すえたかふさ》（のち晴《はる》賢《かた》）への、劣勢を装って調略に終始した厳島《いつくしま》の戦いなど、枚挙に遑がなかった。

幼時から次々と肉親を失い、長じてからは黒い魔手＝謀略に明け暮れ、中国地方全域を支配下とした元就――翻《ひるがえ》って、己れの子たちが協力し合い、大毛利の家を守り抜いてくれることを、祈るような気持ちで、くり返し懸命に語りつづけた立志伝の人物――。

それが先述の「遺状」ともなったのだが、毛利家は〝両川〟の死後、元就の孫・毛利輝元《てるもと》が、分不相応に関ヶ原の戦いにおいて西軍の総大将にまつり上げられ、一方で毛利家の私利私欲のため、敵味方関係なく北九州や四国に軍勢を出し、敗戦後、それらの責任を徳川家康にとらされ、防長二州（現・山口県）に版図《はんと》を大きく削られることになる。

元就の思いは、この不肖の孫には通用しなかった。どれほど口を酸っぱくしてくり返しても、優秀な補佐役をつけても、人には寿命という、どうすることもできないものがある。元就の抱えつづけた心配事は、ついに伝承されることはなかった。

十ヵ国のうち、二ヵ国でも残ったことを可《か》とするべきか。

いずれにせよ元就の心配は、組織普遍の主題といえるかもしれない。

老将が人生後半におかした判断ミス　滝川一益

織田家で最初に認められたよそ者

織田信長が〝天下布武〟に邁進《まいしん》し、天下取りに王手をかけた頃、その軍団を率いていたのは、五人の方面軍司令官たちであった。

席次の順でいけば、柴田勝家・丹羽長秀《にわながひで》・滝川一益《たきがわかずます》・明智光秀《あけちみつひで》、そして羽柴秀吉となる（いま一人いた佐久間信盛《さくまのぶもり》は、すでに失脚）。

この中で、尾張以外の他国から、信長に登用された最初の人物は、牢人《ろうにん》の境涯にありながら、その後、立身した滝川一益であった。

滝川一益も、主君・信長が倒れて人生が一変した武将の一人。
関東を失ってからは、歴史の舞台に上ることはなかった

一説に、近江甲賀《おうみこうか》(現・滋賀県甲賀市)出身といわれる一益は、諸国を巡る山伏《やまぶし》であったとも、忍びであったともいわれている。

いずれにせよ、門地や家柄に恵まれてはおらず、そのうえ人を斬って故郷を逐電し、柴田勝家の推挙で織田家に随臣したという。

ともあれ、信長は一益の出自を一切問わず、召し抱えるや、わずかな期間に登用・抜擢《ばってき》をくり返した。一益のなにが、信長の眼鏡に叶《かな》ったのか。

まず一益は、細々とした諜報《ちょうほう》活動に巧みであった。

甲賀や伊賀《いが》(現・三重県西部)の忍びに人脈を持ち、彼らの多くを部下として活用。得がたい他国の情報を仕入れては、信長に知らせてこの主人を喜ばせ、ならば、とまかされた伊勢《いせ》(現・三重県の大半)方面の戦局にも、大いにこれを活用した。

第二に、一益の性格は前線の指揮官としても勇猛であり、駆け引きの狡智《こうち》さにも長《た》けていた。そのため織田軍の先鋒としても期待され、引きぎわの殿軍《しんがり》においては、さらに手際がよく、一益がいると味方は安心して、退却することができたという。

第三に、一益は根っからの働き好きであったことが挙げられる。

戦場から戦場へ、休む暇《いとま》もなく信長にこき使われながら、一益は疲れを見せず、己れの器量と名誉を喜々として戦場に懸け、半面、結果としての利益、〝欲〟を求めなかった。

それゆえにこそ、人事考課に厳しい信長のもとで、最高幹部にまで生き残り、甲斐の武田勝頼《かつより》が滅亡したのちは、上野国と信州《しんしゅう》佐久《さく》・小県《ちいさがた》（現・長野県東部）の二郡を拝領し、上州厩橋《じょうしゅうまやばし》城（現・群馬県前橋市）の城主となり得た。

「関東管領」――つまり一益は、信長に東国の経営を一任されたわけである。

信長は一益に、広域な鎮撫《ちんぶ》・独裁権を与えたが、一益はこの栄誉より、趣味の茶の湯の、茶器一個の方が欲しかった、と心底、落胆したとか。

見方を変えると、彼は純然たる、理想的な武人であったともいえそうだ。

――だが、この一益の欠点は、意外にもその優秀さの中に潜んでいた。

一言でいえば、一益にとって主君・信長は、あまりに絶大・絶対でありすぎた。

無理もない。一介の逃亡者から、最高幹部にまで引き上げてもらったのであるから。

一益には信長に対する、客観的な批判がなかった。無条件で付き従ってきた彼は、信長を頼りにしすぎていた、といえなくもない。

最高方針の決定＝戦略は常に主君に委ね、己れは決定による局地戦＝戦術に専念してきたため、一益は時勢や自己の将来についての見通しを、皆目もたずにきてしまった。

信長が存命でありつづけていれば、一益の地位《ポスト》は不動のものであったろう。主君にとって、これほど無欲で良く働き、不平・不満を言わない家臣は、さぞやありがたかったに違いない。

ところがこの一益、小田原《おだわら》の北条氏と互角に戦っていながら、天正十年（一五八二）六月二日、〝本能寺の変〟で主君信長を失うと、それまで掌握していた占領地・関東と、つき従って来た国人、地下衆《じげしゅう》を一気に失ってしまう。

主君だけを見ているのは危険

信長を失って途方に暮れる中、神流川《かんながわ》（現・群馬県と埼玉県の県境）で待ち受けていた北条氏の大軍と遭遇し、一益は考えられない大敗を喫し、一軍ちりぢりとなった挙句、わずかばかりの将兵と、かつて信長より与えられていた、伊勢長島《ながしま》城（現・三重県桑名市）に逃げ戻る有様となってしまった。

一益にとっては、考えられない失敗であった。

このとき、大永五年（一五二五）生まれの彼は五十八歳であったが、生まれてはじめて

■滝川一益は本能寺の変後、伊勢長島に撤退する

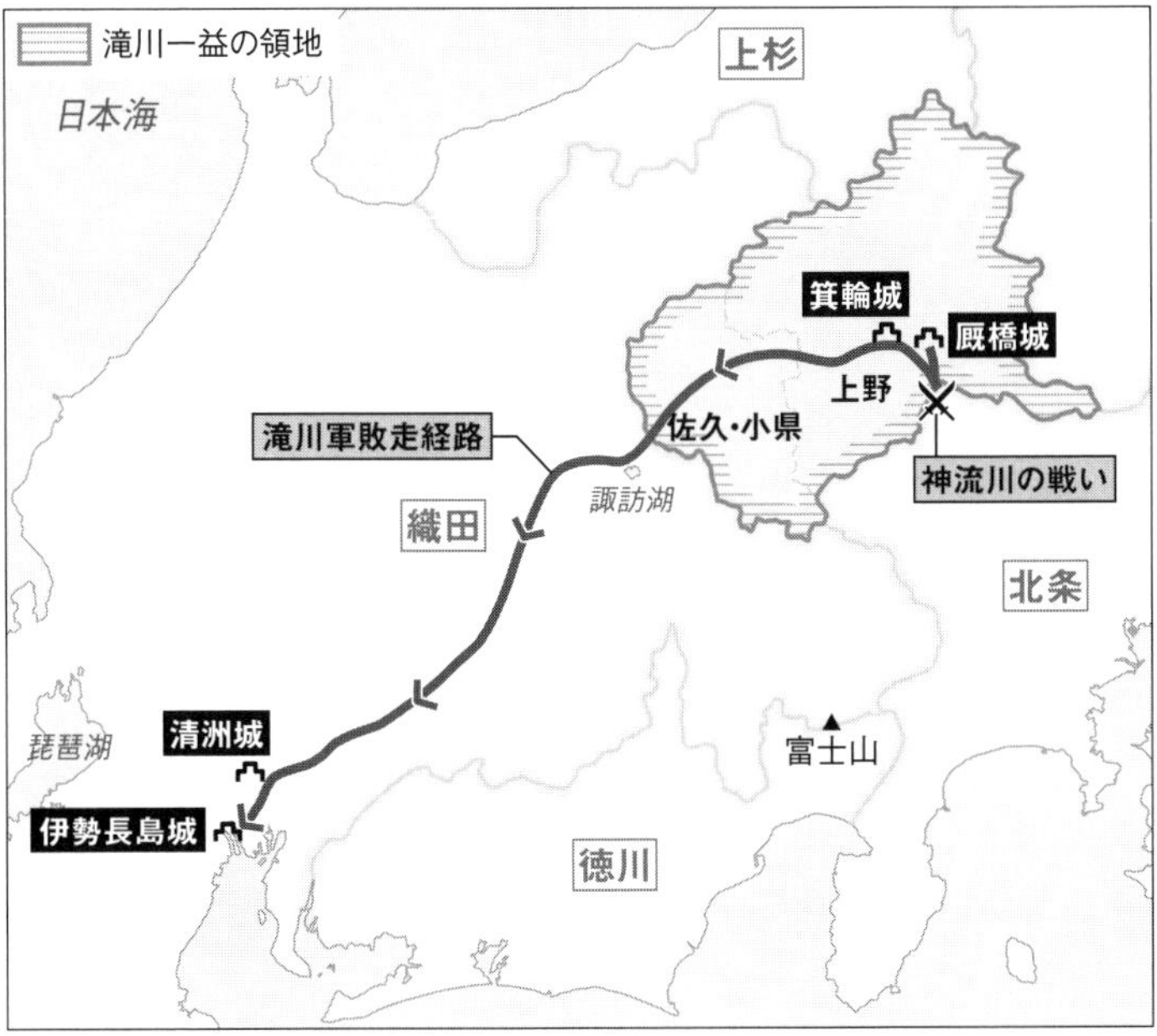

の手酷い敗戦を経験した一益は、その衝撃の中に己れを見失い、恐慌《パニック》を起こし、織田家における信長の後継争いにおいて、状況をよく把握することをせず、筆頭家老の柴田勝家を頼る決断を下す。

問題はこの時、一益はどの程度に勝家を理解していたのか、であった。

――己れの自信を、喪失していたのだろう。

一益はこれまで、ひたすら信長のみを見てきた。同僚は宿敵《ライバル》でしかなかったはずだ。勝家も

秀吉も、同じであったはず。

主君没後の織田家にあって、二人のうち、いずれかと組まねばならないとなったおり、一益は勝家を、家臣の席次で選んだのではあるまいか。勝家の勢力が北陸に偏り、雪に閉ざされている間、同盟者となる自分が一手に、勝家の対抗馬となった秀吉の軍勢を、引き受けねばならない、との思案をどこまで突き詰めていたであろうか。

秀吉と対峙した一益は、自らの役割＝勝家が有利になるよう働き、立派に成果をあげていた。調略を用いて、秀吉方の伊勢亀山《かめやま》城（現・三重県亀山市）などを、己れの系列下に入れた手腕はさすがであった。

が、一益は秀吉の最も得意とする速度《スピード》を、過小評価、もしくは誤算してしまう。

伊勢の主城・長島城にあった一益を攻めるべく、秀吉は六万の軍勢で亀山、峯《みね》城（現・三重県亀山市）などの支城を、火を噴くように攻め陥《おと》し、一益を孤立させ、包囲した。

この籠城戦の間に、天正十一年四月、勝家は賤ヶ岳《しずがたけ》の戦いで秀吉に敗れてしまい、結果、一益も秀吉に降伏を余儀なくされてしまう。

一益の決断を誤らせたのは、同僚と戦うという仮想演習を、これまで全くしてこなかったこと。それに、これまでの心身の疲労の蓄積が重なった。加えて、自分よりあとに現れた秀吉が、出頭人となったことへの嫉妬《しっと》も多少はあったかもしれない。

その秀吉に敗れて降参した一益は、すでに武将としての現役を終えていたようだ。

その後、小牧《こまき》・長久手《ながくて》の戦いでは、秀吉方で参戦したものの、敵の徳川家康・織田信雄《のぶかつ》（信長の次男）の連合軍による反撃を受け、伊勢を退去してしまった。そのことが戦後、秀吉の怒りを買うことになる。

一益はもともと、〝欲〟のない男であった。ならば、と出家の身の上となっている。天正十四年、彼は六十二歳でひっそりと、この世を去った。

人間、人生の後半、しかも晩年の失敗は、よほど事前に思慮を巡らせていないと、なかなかに取り返しにくいものとなる。まして一益のように、順風満帆にいっていた組織にあって、自らの成績を明らかにしてきた人物であればあるほど、突然に訪れる変化は、瞬時にして全てを失わせることにもつながりかねない。

一益は本能寺の変に遭遇した段階で、出家すべきであったように思われる。

あるいは、主君・信長が一線を引いた時の、わが身の対処を、「関東管領」となった時点で、事前に決めておくべきだったのではあるまいか。

今日の企業社会でも、一益のように、晩年を失敗してしまう役員は決して少なくない。

戦場で散った総大将 龍造寺隆信

「五州二島の太守」に成り上がった男

戦国時代の九州に、古《いにしえ》の三国志によく似た〝三家鼎立《さんけていりつ》〟、あるいは〝九州三強〟と呼ぶべき状況が、忽然《こつぜん》と誕生した。

豊後《ぶんご》（現・大分県の大半）を本拠に最盛期、豊前《ぶぜん》（現・福岡県東部および大分県北部）・筑前《ちくぜん》（現・福岡県北西部）・筑後《ちくご》（現・福岡県南西部）・肥前《ひぜん》（現・佐賀県と長崎県の大半）・肥後《ひご》（現・熊本県）のあわせて六ヵ国を併合し、室町幕府に九州探題《たんだい》（九州地方の統轄《とうかつ》職）を認めさせた大友宗麟《おおともそうりん》。

肥前佐賀藩祖・鍋島直茂の義兄である、巨漢・龍造寺隆信。
一土豪から成り上がり、九州北西部を平らげた

その九州統一に、待ったをかけた薩摩《さつま》（現・鹿児島県西部）・大隅《おおすみ》（現・鹿児島県東部と種子島《たねがしま》などの大隅諸島）を主《しゅ》たる所領とする島津義久《しまづよしひさ》。

この義久の弟・義弘《よしひろ》（前名・忠平《ただひら》）は巨敵・大友の大軍を高城《たかじょう》（現・宮崎県都城市高城《みやこのじょう》町高城）、耳川《みみかわ》（現・宮崎県東臼杵郡《ひがしうすき》と日向市《ひゅうが》を流れる川）で連破し、その拡張の動きを止め、逆に勢いに乗って全九州へ北上戦を敢行する。

この二大国が激突する、まさにそのとき、彗星《すいせい》の如《ごと》くに現れたのが〝肥前の熊〟こと、肥前佐嘉郡《さがごおり》から興《おこ》った龍造寺隆信《りゅうぞうじたかのぶ》であった。彼はその絶頂期に、「五州二島《ごしゅうにとう》の太守《たいしゅ》」（肥前・筑前・筑後・肥後・豊前と壱岐《いき》・対馬《つしま》を領有した）と謳《うた》われている。

が、隆信の出自は、大友・島津の両氏とは隔絶して低いものであった。

なにしろ大友と島津の二氏は、ともに鎌倉以来の守護として、その権威・権力で各々に勢力を扶植《ふしょく》し、室町時代には守護大名から戦国大名への転身にも、数少ない成功例として輝き、れっきとした名門武家貴族として、各々の地域に屹立《きつりつ》していた。

ところが龍造寺家は、鎌倉時代の数ある小地頭《しょうじとう》、いわゆる土豪の一つにすぎなかった。

それが細々と生き残り、戦国乱世が本格化する中で大国にもまれ、幾度も滅亡の淵に立たされながら、からくも生き残って、この逆境の中で徐々に頭角を現し、下剋上の波に乗って、隆信の一代で一気に、三国鼎立における一方の雄となったのである。

その一代における急成長は、奇跡的ですらあった。

何が隆信をして、「五州二島の太守」と成さしめたのであろうか。

筆者は遠因に、蒙古襲来をあげたい。文永《ぶんえい》十一年（一二七四）十月と弘安《こうあん》四年（一二八一）五月――この二度に及んだ元寇《げんこう》において、ときの鎌倉幕府は元帝国による日本占領を大いに警戒し、全国の武士の中から合戦に強い者を選《よ》りすぐって、九州へ移した。

これが俗にいう、〝九州男児〟と呼ばれるものの、背骨《バックボーン》になったのではないか、と筆者は信じ切ってきた。その九州にあって、龍造寺隆信は享禄《きょうろく》二年（一五二九）二月十五日、一族の支城・水ヶ江《みずがえ》城東館天神《ひがしたちてんじん》屋敷（現・佐賀県佐賀市中《なか》の館町《たちまち》）に、水ヶ江龍造寺家の周家《かねいえ》、慶誾《けいぎん》の夫婦の間に生まれている。

現在の佐賀県と長崎県の大半にあたる肥前国は、古代より朝鮮半島・中国大陸からの襲来を防ぐかなめ、と考えられてきた。

幼名を長法師丸《ちょうほうしまる》と名乗った隆信は、容貌雄偉《ようぼうゆうい》、眼光炯々《がんこうけいけい》としていた、と伝えられ、本来は武将としての将来を嘱望されていたように思われるのだが、「一子《いっし》出家すれば、九族天《きゅうぞくてん》に生《しょう》ずるの果《か》を得《える》べし」と、中世の武家が一般にもった一族繁栄のための思いを受け、天文四年（一五三五）、七歳のおりに水ヶ江城に近い宝琳院《ほうりんいん》に入って、出家して「円月《えんげつ》」と号する禅僧となった。もし、日々泰平の世であったなら、「円月」は一族に重きを置く名僧とはなったであろうが、九州三国志の英雄となることはなかったろう。

その運命が一転したのが、天文十四年の河上社頭《かわかみしゃとう》の戦いであった。

父・周家を含む龍造寺一族の大半が、同じ肥前の豪族・馬場頼周《ばばよりちか》らによって謀殺されるという事件が起きた。一族存亡の危機が、「円月」の生き方を変えてしまう。

還俗《げんぞく》した彼は胤信《たねのぶ》と名乗り、その後、天文十七年に龍造寺家の総領となる。二年後には、諱を隆信と改めた。ここから、三国鼎立にむかうのだが、隆信の前途は多難を極める。

まず、本家直系の生まれではない彼は、一族の中にも不平・不満を持つ者をかかえ、家臣の中にも叛乱《はんらん》・謀叛する者が後を絶たず、ときには筑後へ自身が亡命を余儀なくされることもあった。

なにしろ龍造寺家の上には、大友・島津と並ぶ鎌倉以来の名門・少弐《しょうに》氏があり、佐嘉郡山内《さんない》（現・佐賀県神埼市・佐賀市・小城市の北部の山地一帯）を支配する実力者の神代《くましろ》勝利《かつとし》などもあって、これに大国・大友氏からの絶え間なき侵攻などが重なった。

どこで踏み潰されてもおかしくない劣勢の中、隆信は苦悩しつつ、それでいて疲れを知らない〝熊〟のように、精力的に東奔西走し、次第に肥前を代表する戦国大名としての地歩を固めていく。

なぜ、隆信は生き残れたのか——曾祖父《そうそふ》・家兼《いえかね》（号して剛忠《ごうちゅう》）の威徳と教えを心に刻んだこととと、忠義抜群の家臣にして義理の弟ともなる鍋島信昌《なべしまのぶまさ》（のち肥前佐賀藩祖・鍋島直茂《なおしげ》）の存在が大きかったように思われる。もしも、信昌が隆信のもとになければ、その「五州二島の太守」は成就しなかったに違いない。

「大肥満の大将」の失敗

戦国がやがて終焉《しゅうえん》を迎え、江戸幕府が誕生する中で、肥前佐賀藩三十五万七千石に、『葉隠《はがくれ》』という書が、佐賀藩士・山本常朝《つねとも》による口述の、聞き書きの形で後世に伝えられた。江戸期におけるベストセラーといってよい。

この冒頭は、有名である。

「武士道《ぶしどう》といふは、死ぬ事《こと》と見附《みつ》けたり。二つ二つの場にて、早く死方《しぬかた》に片付くばかりなり。別に仔細《しさい》なし。胸すわって進むなり。図《ず》に当《あた》らぬは犬死《いぬじに》などといふ事は、上方風《かみがたふう》の打ち上《あが》りたる武道なるべし」

筆者はこの文意の人こそが、龍造寺隆信その人のものであった、と断じてきた。

この『葉隠』の心境を最も具現化した戦いが、元亀元年（一五七〇）八月の今山《いまやま》の戦いであった、とも考えてきた。巨大国の大友氏が、いよいよ肥前を支配下に置くべく、一説に八万からなる軍勢を一族の大友親貞《ちかさだ》に率いさせ、攻め込んできたのである。

当時、隆信の本城《ほんじょう》となっていた佐嘉城（のち佐賀城）は、圧倒的武力で完全に包囲されてしまう。まさに、風前《ふうぜん》のともしびであった。

この〝死地〟にあたって、死中《しちゅう》に活《かつ》——あくまでも奇襲戦を進言したのが鍋島信昌であり、諾《だく》（承知）したのが隆信であった。筆者はここに、〝鍋島論語〟こと『葉隠』の精神をみる。ときに隆信、四十二歳。信昌は三十三歳であった。

大兵力は常に自軍を楽観し、小兵力は死に物狂いで必死の力をしぼり出すもの。

結果、油断した大友の大軍は、寡勢《かぜい》（少ない軍勢）の龍造寺勢に、奇跡のような逆転勝利を許し、隆信はここから一気に、自家勢力の拡大に打って出る。

そして、天正九年（一五八一）には、周辺五ヵ国と壱岐・対馬にその影響力を及ぼし、「五州二島の太守」と呼ばれるようになった。

「其《そ》の旗下《きか》に属し、其の指揮に従う兵馬二十万騎に及ぶ」(『歴代鎮西要略《ちんぜい》』)

――彼はすなわち、〝九州三強〟にのぼりつめたのである。

隆信の戦国大名としての特徴は、徹頭徹尾、キリスト教を〝敵〟とみなしたところにあった。宿敵・大友氏がそうであり、大村純忠《すみただ》・有馬晴信《ありまはるのぶ》といったキリシタン大名に領土を接する隆信は、キリスト教を決して認めず、徹底した宗教弾圧を行った。

ポルトガルのイエズス会宣教師ルイス・フロイスは、その著『日本史』の中で、隆信の名をあげ、「キリシタン宗門の大敵、暴君であり迫害者である」と、悪魔の如くに非難し、心底、恐怖していた。

隆信の言行、合戦の采配ぶりからは、極めて精悍《せいかん》な戦国武将像が印象《イメージ》されるのだが、後世に残されたその肖像のほとんどは、「大肥満の大将」と呼ばれるほどの、巨漢を描いたものであった。

いつしか彼は、六人担ぎの駕籠《かご》にしか乗れなくなるまでに肥満し、天正十二年三月二十四日、島津家久《いえひさ》ひきいる島津・有馬連合軍との決戦＝沖田畷《おきたなわて》の合戦では、ついにその緩慢な動きが敗因となって、敗戦どころか、己れの一命を失うという、非業《ひごう》の最期《さいご》を遂げることとなる。

総大将が合戦で討死を遂げるなどということは、戦国時代、めったになかった。北条氏康《うじやす》と河越《かわごえ》城攻防を戦った扇谷《おうぎがやつ》上杉家の朝定《ともさだ》、織田信長に桶狭間で討ち取られた今川義元――この二人くらいしか、思い浮かばない。

多くの隆信の評伝は、晩年の彼について、戦国武将でありながら、武将としての意志が弛緩《しかん》したがゆえの、油断をした、と決めつけてきた。

たしかに、天正八年に嗣子《しし》・鎮賢《しげかた》（のち政家《まさいえ》）に佐嘉城を譲り、五十二歳で須古《すこ》（現・佐賀県杵島《きしま》郡白石町《しろいしちょう》）に隠居した頃から、隆信の動きは緩やかになっていく。

おそらくは、これまでの無理が心身に思いのほか負荷《ふか》をかけたのであろう。

分類するならば、松永久秀《まつながひさひで》・荒木村重《あらきむらしげ》・明智光秀らと同型に区分すべきかもしれない。

日本の中央では、二年後――天正十年六月二日、逆臣・光秀が主君・織田信長を襲う、本能寺の変が勃発している。〝天下布武〟に邁進していた信長の動きが止まったことが、あるいは玉突きをするように連鎖し、本州の中心部からは遠く離れていた九州に、ある種の安堵感を与えたのかもしれない。

隆信を弛緩させた原因ということでいえば、天正六年十一月十二日の、島津義久が大友宗麟の軍を大破した、耳川の戦いも大いに挙げられよう。

本来ならば次に雌雄を決すべき島津氏とも、隆信は天正十一年十月に和議を結び、肥後領の境界を玉名郡《たまなごおり》高瀬川（現・熊本県玉名市菊池川水系）に定めている。この時、隆信は五十五歳。

筆者は長年の疲労の蓄積が、彼の根本にあったと思われてならない。

それは隆信の行動にも、明らかに出ていた。

天正九年五月に、筑後柳河《やながわ》（現・福岡県柳川市）の蒲池鎮並《かまちしげなみ》（鎮漣《しげなみ》）を佐嘉に呼び出し、これを謀殺しているが、乱世のさだめとはいえ、隆信は人間不信や向背常《こうはいつね》ならぬ人情、一族であっても信じきれない困惑をかかえ、これを軽減することもできず、かわして気持ちの整理をすることもしないまま、心身共に疲労困憊《こんぱい》したわが身を持てあまし、自身、どうしてよいのかわからない心境に、閉じ籠ってしまっていた。

最後の戦《いくさ》となった島原沖田畷の合戦も、相手となる島津・有馬連合軍に対して、兵力・装備にまさり、少数とはいえ大砲まで従えての隆信の出陣は、それ以上の鋭い工夫＝戦術が見受けられなかった。

たとえば、事前の調略や二重三重の戦術の用意など。

かたや島津氏は、薩摩・大隅・日向（現・宮崎県）の三国から選りすぐりの精兵三千を率い、兵船を国許《くにもと》へ帰しての、〝背水の陣〟を布《し》いていた。合力《ごうりき》する有馬は、わずかに五千である。

それだけに彼らは必死であり、隆信を巧みにおびき寄せる戦術をとり、見事にこの「大肥満の大将」をつり出した。

隆信が陣所《じんしょ》で床几《しょうぎ》に掛けているところを、島津家の家来・川上左京亮忠智《さきょうのすけただとも》がしのび寄る。刃を突きつけてきた忠智に、隆信は、

「大将の首切る法を、お前は知っているのか」

と問う。名場面といってよい。忠智は答える。

「そういうあなたの、今の心境やいかに――」

と。ここで隆信が口にしたのが、「紅炉上一点の雪《こうろじょう》」であった。

中国宋代の禅僧・圜悟克勤《えんごこくごん》の『碧巌録《へきがんろく》』に、煩悩《ぼんのう》が消え去り悟りをひらくたとえとして、紅炉（火が盛んに燃えている囲炉裏《いろり》）の上に雪が舞い落ちれば、たちまち溶けることが述べられていた。が、隆信の場合は紅炉上の一点の雪に、己れの儚《はかな》い人生を思い浮かべたのではなかろうか。

忠智は一礼して、隆信の首を討ち取る。隆信の享年は、五十六であった。

あるいは、己れの生涯が終わったことに、「大肥満の大将」は実のところ、ホッとしていたのかもしれない。

（ようやく、終わった……）

この島原沖田畷の合戦は、龍造寺軍の惨敗となったが、隆信の遺志は幸いにして鍋島信《のぶ》生《なり》（前名・信昌）へと受け継がれていく。

やがて豊臣秀吉の九州攻めにより、肥前一国を隆信の嫡子・政家が安堵されたのち、政家が病《やまい》を患い、その子・長法師丸（のち高房《たかふさ》）も幼少のため、信生に相続が移った。

信生は直茂と諱を改め、肥前佐賀藩鍋島家の祖となっている。

中国の雄・毛利家を支えた小早川隆景の功罪

戦国一の名将はこの人物⁉

戦国時代の名将・賢将から、江戸中期の名君・賢臣まで、実に百九十二名におよぶ人物の言行、逸話を調べた名著に、『名将言行録』（岡谷《おかのや》繁実《しげざね》著）がある。

以前、筆者はこの大作の一部を、現代語訳したことがあったが、そのおり読者から、

「原本著者の岡谷が、個人的に好きであった人物は、誰だったのでしょうか」

との質問を受けたことがある。

――筆者は「小早川隆景」です、と答えたものだ。

名将・小早川隆景。常に毛利の所領を盤石にすべく活躍するも、
毛利輝元が宗家を継ぐことを許し、家の縮小を招いた

天文二年（一五三三）、安芸国の郡山《こおりやま》城（現・安芸高田市）に生まれた隆景は、実父に権謀術数の人・毛利元就を持ったことで、その生涯がほぼ定まってしまった。

その三男として生まれた隆景は、父の命令で鎌倉以来の名族・小早川家（毛利家よりはるかに格上・鎌倉時代からの地頭）を継いだが、それは同時に、瀬戸内海に一大勢力をもつ、小早川水軍を毛利家が併合することを意味していた。

安芸の国内に三十余人いた国人の一つでしかなかった毛利家は、当初、山陰・山陽の二大国——出雲の尼子晴久《はるひさ》と、周防《すおう》（現・山口県南東部）の大内義隆《よしたか》の間を往来して、懸命に生き残りを図ったが、一方の義隆が重臣・陶晴賢に弑逆《しいぎゃく》されてしまうと、当主・元就はここで一世一代の博《ばく》奕《ち》を打つ。後世、日本三大奇襲戦に数えられた、厳島の戦いである。

もとより隆景も駆りだされたのだが、彼は父の傀儡《かいらい》におさまっているだけの、凡庸《ぼんよう》な人物ではなかった。毛利家の命運を懸けたこの合戦においては、天皇の勅命を請うべきだ、と父に助言し、能島《のじま》、来島《くるしま》の水軍を味方につける交渉にも自らあたっている。

大勝に貢献した隆景は、その後も実兄（元就の二男）の吉川元春と共に、毛利の〝両《りょう》川《せん》〟と武名をうたわれる活躍をつづけた。

毛利家では長兄の隆元が、永禄六年（一五六三）八月に急逝している（享年、四十一）。

以来、隆元の遺子・輝元をもり立て、叔父の隆景は毛利家の事実上の宰相をつとめた。山陰の名門・吉川家を継いだ兄の元春は、勇将とはいえ明らかに武辺一辺倒な人物であったが、山陽の瀬戸内海を相手とした隆景は、〝海〟が千差万別に変化するように、常に臨機応変の智略外交を心がけ、大いに指導力を発揮する。

隆景の人気の秘密は、野心を持てば簡単に、本家の毛利家を簒奪《さんだつ》することもでき、天下も充分に狙い得る力量をもちながら、毛利家の補佐役としての己れの分限を、生涯こえることがなかった〝忠義〟の一点につきた。

これは他者――特に戦国大名から見た場合、大きな魅力であったろう。

しかも隆景の先見力は、卓越していた。そのことは天正十年（一五八二）の、羽柴秀吉による、〝中国大返し〟のおりの、隆景の対処を検証すれば分かりやすい。

中国地方を征伐すべく派遣された、織田家中国方面軍司令官の秀吉のもとに、主君・織田信長が本能寺で横死した、との報《しら》せが届く。

遅れて同じ情報が、毛利家にももたらされた。

毛利家にとっては、反転攻勢の好機《チャンス》であった。毛利家の大勢は、追撃論に傾く。

が、この時、秀吉の背後から攻めかかるのを断固として反対したのが、隆景であった。

彼は、〝その後〟を見据えていたのである。

もし、ここで秀吉との約定《やくじょう》を反古《ほご》にし、攻勢に転じて万が一、彼を潰すことに失敗したら、次回、秀吉が現れる時は、毛利家が滅亡するまで攻め潰されるに違いなかった。

「前途後栄《ぜんとこうえい》を、此人《このひと》（秀吉）と共に期《き》し給《たま》ふに若《し》くべからず」（『名将言行録』）

隆景の読みが正しかったことは、歴史が証明している。

毛利家を守るために、秀吉の天下取りを助けた隆景は、天正十三年の四国攻めののち、伊予《いよ》国（現・愛媛県）を独立して与えられ、その後、筑前・筑後の両国と肥前一郡半を秀吉より拝領する。

むろん、毛利家を安泰に保つために、自らが楯《たて》となって秀吉の前に出た――これが豊臣大名となった隆景の、本心であったろう。

文禄《ぶんろく》元年（一五九二）には、隆景自らが朝鮮に出兵して活躍。帰国後、豊臣家の「五大《ごたい》老《ろう》」に推《お》され、天下の政事《まつりごと》を委譲される立場にたった。

隆景の配慮の限界

だが、どれほど秀吉から大事にされても、隆景の眼差《まなざ》しはあくまで、毛利家に注《そそ》がれていた、といってよい。秀吉の正室・北政所《きたのまんどころ》の甥《おい》、「金吾中納言《きんごちゅうなごん》」を、隆景自身の養子にしたのも、そのためであった。

毛利家が養子先に狙われたのを察知し、阻止すべく、隆景は自らが防波堤になったのである。こうして誕生した養子が、関ヶ原で味方の西軍を裏切る「小早川秀秋《ひであき》」であった。

「毛利本家の養子が暗君であれば、毛利本家が改易となる。小早川家一つが犠牲になって、本家が救えるなら、それでいいではないか」

というのが、隆景の偽らざる本音であったろう。

慶長《けいちょう》二年（一五九七）六月十二日、隆景はこの世を去った。享年、六十五。

用意周到な彼は、甥の毛利家当主・輝元への遺言を、三ヵ条にして残していた。

以下、意訳してみる。

一、天下乱《みだ》るるといえども、輝元はかかわってはならない。ただ己れの分国を堅く守るべし。

二、毛利家の外交僧・安国寺恵瓊《あんこくじえけい》をもちいるな。

三、領内の船つき場を、九州の大名に貸してはならない（つけこまれるから）。

だが、輝元はこの遺言の一、二を聞かず、恵瓊に担がれて関ヶ原の戦いで、西軍の総大将に祭り上げられ、結果、祖父以来、蜿々《えんえん》と築いてきた大国八ヵ国を、二ヵ国に減らされる愚挙をやってしまった、と言われてきた。

一方、小早川秀秋は裏切り者の名を後世に残しながら狂死。小早川家は改易となった。草葉のかげで隆景は、さぞかし深い溜め息をついたに違いないが、敢《あ》えて筆者はこの名将の、一番の失敗について触れておきたい。

甥の輝元が愚か者でありながら欲深い人非人《にんぴにん》で、とても毛利家の当主の器ではないことを熟知していながら、彼を始末（たとえば、押し込め隠居させる）をしなかった点である。

『論語』にある、「往《ゆ》く者は諫《いさ》むべからず、来《き》たる者は猶《な》お追うべし」と。

過ぎ去ったことはどうしようもないが、将来のことは改める気さえあれば、改めることはできる、との意となる（孔子に隠居をすすめた、隠者《いんじゃ》・接輿《せつよ》（しょうよ、とも）の言葉）。

隆景がこの世を去って三年後、関ヶ原の戦いが行われた。その前日＝九月十四日の時点で、徳川家の〝四天王〟の本多忠勝《ほんだただかつ》と井伊直政《いいなおまさ》の二人が、吉川広家《ひろいえ》、福原《ふくはら》（ふくばら、とも）広俊《ひろとし》の二人――事実上の、関ヶ原における毛利軍の総指揮官――に対して、家康は決して輝元を疎《おろそ》かに扱わないこと、領国は全てこれまで通りに安堵することなどを、約束した起請文を提出していた。

併せて東軍の黒田長政《くろだながまさ》・福島正則《ふくしままさのり》も、忠勝・直政の起請文に嘘のないことを保証する起請文を、別途、広家と広俊に提出している。

ちなみに、このおり毛利軍を束ねていた吉川広家を生前、隆景は信任していなかった。広家は吉川元春の三男で、隆景の目はその長兄・元長《もとなが》に向けられていた。この人物はきわめて優秀であり、一門から将来を嘱望され、大切にされていたのに比べ、広家はいささか性格的に影があり、あまり人と打ち解けることもなかったようだ。

それゆえか、天正十年（一五八二）十二月に、元長が「吉川」の家督を継いだのに比べ、広家は羽柴秀吉が織田家の中国方面軍司令官として来攻し、本能寺の変を挾《はさ》んで、毛利家と和睦をし、亡き主君・信長の仇《かたき》を討つべく〝中国大返し〟をしたおり、羽柴方への人質にあっさりと差し出されている（すぐさま、帰されはしたが）。

そんな広家だったが、父と長兄が九州征伐の最中、相次いで死去（元春・五十七歳、元長・四十歳)。気がつけば、吉川家を継げる条件を有する者は彼だけとなっており、毛利家の〝両川〟(吉川元春・小早川隆景)の、後継の一翼を担うこととなる。

このいささか屈折した広家とともに、両軍を裏切る密約を交わした福原広俊は、〝両川〟の一方・小早川隆景亡きあと、当主の輝元がその代役として、最も信頼した重臣であった(広俊の生没年は不詳)。

この頃の毛利家は、右の二人に輝元の養子である毛利秀元《ひでもと》、さらには安国寺恵瓊が加わって、全体を動かしていたといえる。

——隆景は輝元の無能を知りつつ、次代の秀元に、期待していたとも考えられた。

史実、関ヶ原における毛利軍の総大将は秀元であった。彼は元就の四男・元清《もときよ》の子に生まれ、毛利の〝両川〟をして、

「父元就に似たり。如何様《いかよう》尋常の人にあるべからず」

と将来を期待され、世継ぎのなかった輝元の養子となっていた。

毛利家はこの秀元が、次代の当主と定められたことにより、元春—元長父子の死後、活気をとりもどしたといってよい。隆景も、秀元に期待していた雰囲気があった。

無能なうえに、悪逆非道な輝元

ところが文禄四年（一五九五）十月、輝元に実子松寿丸《しょうじゅまる》（のち秀就《ひでもと》）が誕生してしまう。

このことにより、毛利家は大いなる苦悩を内部に抱え込むこととなった。

「小人窮《しょうにんきゅう》すれば斯《ここ》に濫《らん》す」（『論語』）

君子とて、窮することはある。しかし、小人（子ども）は窮すると、君子とちがって必ず、慌てて逆のはずれたことをするものだ、との意。

四十三歳にして実子を授かった輝元は、わが子・松寿丸を溺愛した。けれども、当時存命中の小早川隆景は、「この世継ぎは許せぬ」と珍しく怒りを露わにして、輝元を叱責している。なるほど、人格者の隆景にすれば、小人輝元による松寿丸誕生の経緯《いきさつ》は、決して許せるものではなかったろう。

松寿丸の母は、毛利家の家臣・児玉元良《こだまもとよし》の娘で、のち「二の丸」と呼ばれた女《ひと》であったが、彼女はそもそも杉元宣《すぎもとのぶ》（大内氏旧臣）の妻であった。それに懸想《けそう》したあげく、拒絶されるや怒りにまかせて、この人妻を略奪したのが輝元であったのだ。

しかもこの毛利家の小人当主は、彼女の夫・元宣を殺害している。

隆景ならずとも、まともな人間ならばこの行為は許せまい。隆景は松寿丸を、毛利家の後継者とは認めなかった。当然である。厳しく甥の輝元を折檻《せっかん》し、「二の丸」を側室から解き放ち、彼女を実家の児玉家に送り返すよう、輝元に厳命している。

ところが慶長二年六月十二日、六十五歳で隆景が病没してしまった。よくよく考えればこの時、〝大毛利〟が防長二ヵ国となるべき運命を選択していたのかもしれない。

「叔父上が死んだか、助かった」と胸を撫《な》でおろした輝元は、いささかも懲りていなかった。人妻を奪ったことへの反省心もなく、むしろ抵抗した「二の丸」とその夫を恨み、責任を転嫁し、あげくには心から諫言してくれた叔父・隆景にさえ、己れの権威が失墜したではないか、と恨み言をいうありさまであった。「二の丸」は再び、連れ戻された。

「小人の過《あやま》ちは、必ず文《かざ》る」（『論語』）

やりそこない、まちがい、誤り、過失といったものは誰にもある。が、小人の場合は犯したあやまちを改めること、反省することをせず、必ず自分の都合のいいように弁解する。

その結果、第二、第三のあやまちを犯すこととなる。

隆景を失った輝元の驕《おご》り、高ぶり――その暴走を止めることのできる人間は、すでに単独では毛利家に存在しなくなっていた。

おそらく関ヶ原の西軍主将となる石田三成《いしだみつなり》と輝元の交際は、一度は隆景によって否定された松寿丸後継問題を、豊臣政権に認めてもらう過程で二人が結びつき、三成が輝元を西軍の総大将に祭り上げる、そもそもの原因となったのではないか、と筆者はみている。ブレーキのかからなくなった暴走自動車のような輝元には、已れが器量不足である、との自覚がなかった。彼は西軍の総大将に自分が選ばれたのは、已れの実力だと錯覚した。

そのためもあって実は、輝元は関ヶ原の戦いの最中、毛利家の家臣を使って、四国・九州において、西軍とは別の、独自の侵略・占領を企てていた。

「これで毛利家の領地も増え、経済的基盤も強化される――」

程度の低い中国八ヵ国の覇王は、関ヶ原の戦いと軌を一にして、西への自分勝手な進攻を行っていた。作戦の立案・実行はおそらく、重臣たちに丸投げであったろう。

四国へ攻め入り、東軍についた阿波《あわ》（現・徳島県）の蜂須賀《はちすか》氏を武装攻撃し、この地を占拠している。伊予にも調略の手を伸ばし、かつてこの地を支配していた旧勢力へ働きかけさせ、たとえば中予《ちゅうよ》の加藤嘉明《かとうよしあき》や、南予《なんよ》の藤堂高虎《とうどうたかとら》の、留守居《るすい》の者たちを離反させるべく、陰謀をめぐらせ、人物や金を配りまわっている。

軍勢もくり出し、水軍で名をはせた村上武吉《たけよし》や曽根景房《そねかげふさ》（戸田勝隆《かつたか》から小早川隆景、さらには毛利家臣団となった）を投入。彼らが戦死したのちも侵攻の手を止めず、関ヶ原の敗戦の報が伝わったことでようやく、毛利軍は四国から撤退している。

九州しかり。朝鮮出兵のおり、臆病行為を指弾され、父・大友宗麟が懸命に残した豊後一国を豊臣政権に没収された大友義統《よしむね》を、輝元は積極的に支援。軍資金と軍船、将卒《しょうそつ》まで貸し与え、九州へ上陸させていた。

己れの分限が悟れない愚物当主

八月半ばに大坂を発した義統は、周防の上関《かみのせき》（現・山口県熊毛《くまげ》郡上関町）を経て、郷里の豊後へ上陸。大友軍は歴世《れきせい》の旧支配者としての権威もあり、三千ほどに膨れあがった兵力は、九月十三日、石垣原《いしがきばる》（現・大分県別府市荘園）において黒田如水《じょすい》（諱は孝高《よしたか》・通称は官兵衛《かんべえ》）と細川忠興《ただおき》の留守居・松井康之《やすゆき》らと戦ったものの、大敗を喫してしまう。

だが毛利軍は、関門《かんもん》海峡を隔てた豊前——企救《きく》・田川（現・北九州市とその周辺）の二郡を領有していた毛利（森）吉成《よしなり》（勝信《かつのぶ》）の門司《もじ》領内に、進駐をつづけている。

こちらは同じ西軍、味方であるにもかかわらず、輝元は関ヶ原の戦いが終わるまで、ここを無法にも占拠しつづけた。

彼はおそらく、かつて秀吉が述べた構想——秀頼《ひでより》を補佐するため、家康に東国を任せ、西国を輝元と小早川隆景に任せる、と発言したことを思い出していたのかもしれない。目先のことしか見えない輝元は、かつて毛利家が握っていた瀬戸内海の制海権を、このドサクサに奪還しようと企てたのであろう。その野望の先には、石見《いわみ》銀山（現・島根県大田市）を含め、東アジア貿易への進出、交易による利益の獲得が想定されていたに相違ない。

こうした独断行為は、明らかに亡き秀吉が定めた「惣無事令《そうぶじれい》」や「海賊停止令」に背《そむ》くものであり、筆者は輝元も東軍総大将の家康と同じく、豊臣家の簒奪を狙っていた可能性が高かった、とみている。が、それにしては輝元には、家康のような灰汁《あく》の強さが見咎《みとが》められなかった。

輝元には西軍圧勝の工夫をした様子もなければ、重臣たちの分裂をも都合よく解釈し、あたかも己れが毛利家全体の均衡《バランス》をとっているかのような、錯覚をもちつづけていたのではないか。関ヶ原における毛利家の不戦も、輝元は事前に知っていた可能性が大きい。

吉川広家が毛利秀元、福原広俊、安国寺恵瓊に不戦の密約を話さなかったとしても、残りの三将がまったくこのことを察知していなかった、とはいえない。それでは無能を謗《そし》られても抗弁できまい。知っていれば、輝元に注進に及んでしかるべきであったろう。

興味深いのは、毛利軍の総大将に位置づけられていた毛利秀元である。

彼は関ヶ原における毛利軍の不戦の密約を知らなかった、と一般には伝えられてきた。が、本当にこの大いなる企てを、彼は皆目、感知していなかったのか。また、関ヶ原の戦いにおける西軍十万人集結＝大老《たいろう》・輝元の担ぎ出しを実際に演出した毛利家の安国寺恵瓊も、正反対ゆえに密約を知らされなかった、というのはどうであろうか。

筆者はここが、どうにもひっかかる。少し、整理をしてみたい。

大坂城に留守居していた毛利秀元が、それまで家康の居住していた大坂城西の丸に押し入り、留守居を力づくで追い出して、西の丸を武装占拠したのが七月十八日であった。

輝元が大坂城に入城したのが、その翌日である。

五奉行からの召喚の時間から考え、この鮮やかな行動は、あらかじめ三成をはじめ、五奉行たちと毛利家に事前謀議なしには不可能ではなかったか、と筆者は考える。

言い替えれば、この時点まで毛利家は、西軍の大兵力を担う覚悟があった、とみるべきではないか。なるほど輝元自身は、関ヶ原の戦いが終結するまで、大坂城から一歩も外へ出ていない。

だが、一方の秀元・広家・恵瓊らは、毛利軍一万八千を率いて、近江瀬田《せた》(現・滋賀県大津市瀬田)の普請、東軍の伊勢国安濃津《あのつ》城(現・三重県津市)攻撃を経て、九月十日頃に南宮山《なんぐうさん》(現・岐阜県不破《ふわ》郡垂井町)へ着陣している。

彼らは明らかに、西軍として東軍を攻撃していた。

しかも、この南宮山に毛利軍が登ったのは、家康が九月一日、江戸を出発し、西上していることに対応したものであり、毛利軍はこのまま西上する可能性のある家康を、ここで食い止める心づもりであったことは、明白であった。

このあたりまで、毛利家の西軍裏切りはなかった、と筆者はみている。

前述の四国・九州への独断出兵も重ねて考えた場合、吉川広家と福原広俊の結んだ密約はどのような意味があったのだろうか。関ヶ原の戦いを、この先、まだまだつづく長期戦と、彼らは思い描いていたのだろうか。

可能性はある。が、それにしては戦略も戦術も、統一性を欠いていた。

隆景の〝千慮の一失〟――輝元を退場させなかったこと

――ここで、玉突きのように浮上するのが、小早川秀秋の存在であった。秀秋の立場も複雑で、彼が西軍についたものの、西軍を裏切る可能性が高いことを、輝元が事前につかんでいたことは、十二分に考えられた。

つまり輝元や毛利家重臣たちは、秀秋の心中を慮《おもんぱか》っていたのではないか。東軍西軍いずれにつくべきか、なんとしても勝ち馬にのりたい、という秀秋の心中の迷いを想像して、輝元は一方で関ヶ原における西軍敗戦の場合を考え、自己保身を固めるために密約を吉川広家に結ばせ、それでいて南宮山の布陣は解かなかった。

なぜならば、反対に西軍がいよいよ有利となったならば、下山してすでに弱っている東軍を叩き潰せばよい、と考えたのであろう。

史実の毛利軍は南宮山に陣取って、東西決戦を傍観し、西軍有利の戦局でも動かず、西軍の敗北を見届けたあと、戦場から退去した。九月十七日に広家が記した書状によれば、彼らは決戦の前日に密約を仲介した黒田長政・福島正則らと談合のうえ、近江筋を東軍の堀尾忠氏《ほりおただうじ》の案内と警護で、無事に全軍が退却したという。

この撤退のおり、不慮の戦闘は起きていない。

からくも西軍に勝利した東軍は、無傷の毛利の大軍を、そもそも相方にできるだけの余力をもっていなかった、ということかもしれない。

大坂に引き上げた毛利軍は、なぜか大坂城に入城せず、そのまま町中に駐屯している。

すでに十七日付の長政・正則の書状では、

> 今度、奉行ともに逆心の相構《あいかま》えについて、内府《だいふ》公（家康）濃州表《のうしゅうおもて》御出馬について、吉川殿、福原、輝元御家御大切に存ぜられるにつき、両人まで御内府、則《すなわ》ち、内府公へ申し上げ候処《そうろうところ》、輝元に対し少しも御如在無《じょさいな》きの儀《ぎ》候間《そうろうあいだ》、御忠節においてはいよいよ、これ以後も仰《おお》せ談《だん》ぜらるべきの旨、両人より申し入るべき御意候《ぎょいにそうろう》。

関ヶ原を制した家康は、輝元との良好な関係を望んでいるという。

「殊《こと》に分国中相違あるべからずのとおり、御誓帋《せいし》預り安堵この事候」（毛利家文書）

所領は安堵するから、速やかに大坂城西の丸から退去してほしい、と長政や正則は語りかける。二十五日頃、輝元は家康の約束履行を確認することもせず、家康自身の誓書《せいしょ》も受けとらぬまま、腰を浮かせるようにそそくさと大坂城を退去し、木津（現・大阪市浪速区）の毛利屋敷へ入った。

ではこの間、家康の行動はどうであったのか。

関ヶ原で圧勝した次の日＝九月十六日からその翌日にかけて、東軍が石田三成の居城・佐和山《さわやま》城（現・滋賀県彦根市古沢町）を攻め落とすのを、家康自身は平田山（現・滋賀県彦根市平田町）で見守っていた。西軍の大垣城（現・岐阜県大垣市）も開城され、九月十八日には家康は近江八幡に到着している。翌十九日は、近江の草津へ（この日、小西行長《こにしゆきなが》が伊吹山《いぶきやま》山中〈現・滋賀県米原市〉で捕えられた）。

九月二十日、家康は西軍の立花宗茂《たちばなむねしげ》が関ヶ原と同じ日に一度は落とした大津城（現・滋賀県大津市）に入城。この翌日には、三成が伊吹山で捕えられている。安国寺恵瓊は京都まで逃れたものの、二十三日に捕えられた。

こうしてみると輝元は、恵瓊が捕縛されたことを知ったうえで、大坂城西の丸を退去したことになる。西軍につきながら、独自に拡大を策したことが、ことごとく露見するかもしれない局面であった。おそらく輝元は、複雑に思案する家康の心中など、何一つ推しはかることもなく、マズい、とスタスタと自己中心に事物を判断して、慌てふためいて舞台

毛利家の略系譜

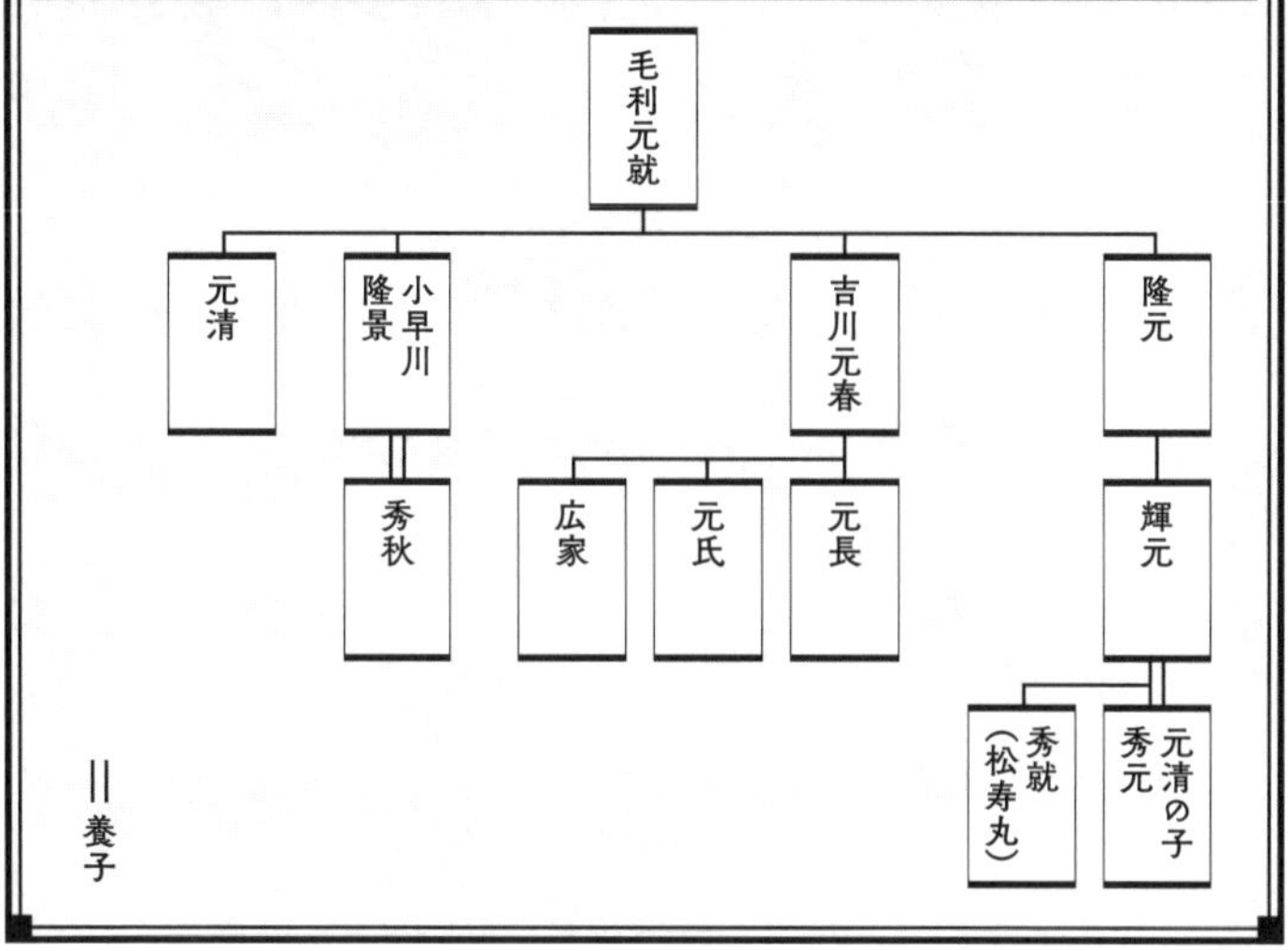

を退場したのであろう。

家康が大坂城西の丸に入ったのは、九月二十七日のことである。

そして十月一日、石田三成・小西行長・安国寺恵瓊の三人が、京都の六条《ろくじょう》河《が》原《わら》で斬首となった。

この処刑を追うように、十月十日、家康はいきなり、毛利氏に周防・長門《ながと》の二国への減封を言い渡す（正確には、輝元の全領土を没収し、一応の功労者である広家に二国を与える、との処置であった。広家はそれを、主君・輝元に詫《わ》びつつ譲ったのである）。

平成日本企業の失敗

筆者には関ヶ原以後の四分の一弱（のち高直しで三分の一）に縮小した毛利家が、バブル好況の終息から長期不況となり、平成不況＝〝失われた三十年〟にのたうつ現代企業と重なってみえてならない。

日本を代表する銀行の経営破綻が次々と表面化し、公的資金を注入して破綻の拡大は喰《く》い止めたものの、昭和の戦後以来、長く護送船団方式で過保護なまでに守られてきた、ゼネコン業界や流通業界の中にも、破綻企業が出現し、自動車産業、家電・電子産業も迷走のなかに沈んでいった。否、内需主導で外資や外国製品と競争する機会のなかった医薬品業界、農業、漁業にも事は波及した。

この事態は、急激に押しよせたＩＴ革命やグローバル化時代の大変革に、各々の経営者がまったく対処できなかったことが主因だった、と筆者は考えてきた。なにしろ、不況の底なし沼に、足をとられることのなかった企業も、一方では存在しているのだから。

日本の政治と経済が適応能力の欠如を晒《さら》したグローバリゼーションとは、輸出や海外生産が増えるという国際化の次元を超え、それまでには考えられなかった迅速な移動と交流が、ヒト・モノ・カネ、そして情報において、ドラスティックに国境を越えて行われるようになったことをいう。

〝失われた三十年〟――この空前の危機に直面したおりの経営者の多くは、高度経済成長からバブル経済に突っ込んだおりの、経営体験しかもっていなかった。

つまり、ある種の成功（したように錯覚した）体験といってよい。白黒の付く敗北を経験していなかったことは大きい。

当然のごとく、大変革に対応できなかったのは一面、無理はなかった。

問題はそのあやまちではなく、立ち止まって事態の本質を捉えることなく、日本経済の先行きに対する悲観論から、己れの経営者としての自信を喪失した人々が、一方的に日本型経済のあり方を全面的に否定し、アメリカ企業の成功モデル＝アングロアメリカン的な市場至上主義に無条件にすがり、これを礼賛《らいさん》し、「日本」という環境を深く考えることもないまま、アメリカの成功の要因といわれたものを、そのまま無条件に自らの企業に取り入れたことだ。

読者がビジネスパーソンなら、この頃の自らが所属した企業がどうであったか、改めて顧みられるといい。

グローバルな戦略経営、「選択と集中」によるスピード経営、株式時価至上主義とストックオプション、成果主義、株式優位の経営、社外取締役の選任、アウトソーシング——云々。いまや耳になれた言葉＝アメリカ企業の成功モデルが、バブル経済の墜落、過剰融資にのめり込んで不良債権を累積させ、その処理に追われる日本に、声高に唱えられた。加えて、アメリカやイギリスで一九八〇年代に行われた〝ビッグバン〟と呼ばれる金融システム改革にも、当然のごとく日本は乗り遅れてしまった。

織田信長の〝天下布武〟に後塵《こうじん》を拝した、武田信玄や上杉謙信、毛利輝元の旧態が思い浮かぶ。

筆者は昭和の戦後、最も日本が輝いたのは「プラザ合意」の行われた、昭和六十年（一九八五）だと考えてきた。よくも悪くも日本人を根こそぎ変えることになる、男女雇用機会均等法が公布された年でもある（施行は、翌昭和六十一年四月一日）。

日本経済が地盤沈下と機能不全に陥り、〝失われた三十年〟に沈んでいくのは一九九〇年代の前半。その過程で、それ以前にあれほど賞賛された日本型経営は、ことごとくが否定され、コーポレート・ガバナンス（企業統治）もゆらぎ、経営者の自信喪失はしっかりとした戦略を持たぬまま、安易なリストラをくり返し断行させ、アメリカ式グローバル・

スタンダードに追随し、能力主義・実力主義の強調による長期雇用や年功序列など、日本型雇用慣例を否定し、従業員の満足と株主のそれのバランスを崩し、一方で具合の悪いことを極力隠蔽《いんぺい》するという、これまでにも抱えていた日本企業の体質を、頻繁《ひんぱん》に露呈させることにつながってしまった。

すべては経営者、トップにその責任の大半があったのだ。

時代の大転換期——返す返すもなぜ、隆景ほどの人物が、愚かで欲深い甥の輝元を、当主の座から叩き落さなかったのか、筆者にはこのことが残念でならない。

父の元就なら間違いなく、孫の輝元を葬ったであろう。元就にとって大切なのは、あくまでも毛利家そのものであったのだから。

輝元は入道して幻庵宗瑞《げんあんそうずい》と号し、萩《はぎ》（現・山口県萩市）に移って、江戸幕府の寛永《かんえい》二年（一六二五）まで生きつづけた。享年は七十三であった。

一方、当主を期待された秀元は、別家の三万六千石を与えられ、慶安《けいあん》三年（一六五〇）閏《うるう》十月三日に、江戸でこの世を去っている。こちらは七十二歳であった。

自らの寿命を読めなかった丹羽長秀の失敗

何処の組織にも必要な男

戦国の覇王・織田信長が采配した「織田家」には、筆頭家老・柴田勝家と並んで、家中に声望のあった丹羽長秀《にわながひで》がいた。

秀吉が、主君信長から官位を授かったとき、木下《きのした》姓を改め、右の二人にあやかりたい、と名字の一字ずつを拝借し、〝羽柴〟と称したのは有名な話である。

より言えば、秀吉は勝家より長秀を上に、つまり高く買っていたといえる。

この長秀の丹羽家は、代々、尾張の守護・斯波《しば》氏の重臣として仕えた名門であった。か

難局に直面しても堂々と対処してきた丹羽長秀。時勢を見る目も確か。
秀吉からは越前・若狭と加賀半国を任された

っては、信長の「織田家」と対等の地位にあったわけだ。

それがいつしか下剋上の波にもまれ、「織田家」の家臣となったのだが、能力第一主義、人物本位の信長のもとにあって、次席家老＝今日の企業でいえば、常務取締役の地位を占め得たのは、ただ名門の出自ということだけではなく、長秀に優れた才覚があったことを物語っていた。

当時の織田家を歌った小歌に、次のようなものがあった。

〽木綿藤吉《もめんとうきち》　米五郎左《こめごろうざ》　掛《かか》れ柴田に　退《の》き佐久間

まだ、のちの方面軍司令官でいえば、滝川一益と明智光秀が登場する以前のもの——尾張の内戦のおり——のようだ。

このなかで興味深いのは、長秀＝五郎左（衛門《えもん》）は米と同じだ、と評されている点である。取りようによっては、長秀は「織田家」における潤滑油的な存在であった、といえそうだ。人物の器量、武将としての能力においては、柴田勝家よりは小ぶりではあったが、勝家のもつ傲岸《ごうがん》さや底意地の悪さといったものを、長秀は持ち合わせていなかった。

ただ、勝家以上に人物が、頑固であったことは間違いない。

信長が畿内を制圧したとき、幹部たちに官位を与えた。秀吉はこの時、「筑前守」に任官したのだが、「越前守」にと信長が決めていた長秀は、これを頑強に辞退している。

「拙者は、朝廷の官位などいりませぬ。織田家の丹羽五郎左衛門のままで、けっこうにございます」

信長もこれには閉口し、ついにはサジを投げてしまったとか。

もっとも、こうした長秀の質朴、頑固さは、決して信長の嫌うところではなかった。むしろ、頼もしく思っていた。そうでなければ、養女（信長の庶兄・織田信広《のぶひろ》の娘）を長秀に娶《めあわ》せたりはしまい。

長秀の性格は、合戦の仕方にも反映されていた。

その戦いぶりには、奇策縦横といった華やかさはなかったものの、いかなる難局に直面しても、決して慌てず、乱れず、堂々と対処し、攻め方は真正面から、敵を一刀両断にするような、気迫で押し切った。

信長が一目置いた頑固さと、「織田家」における人望が、いかんなく発揮されたのは、皮肉にも信長が横死したのちのことであった。

織田家の跡目を巡って、筆頭家老の柴田勝家と、実力者としてのしあがって来た羽柴秀吉が激突した。勝家は己れが後見してきた信長の三男・信孝《のぶたか》を、秀吉は信長の嫡孫・三法師《さんぼうし》（のち秀信《ひでのぶ》）を、各々が主君に推し、互いに譲ろうとしない。

長秀の死が秀吉の計画を狂わせた⁉

もし、この「織田家」の内紛が長期化すれば、漁夫の利を得るのは、他の戦国大名家である。あるいは、天下布武にむかっていた時勢が、再び乱世へ逆戻りしかねない。

長秀はこの事態を収拾するにあたって、己れ個人の利益をかえりみず、明智光秀を討って勢いに乗る、織田家の席次では下位の秀吉を、よりましな選択として、中立層の支持をとりまとめ、賤ヶ岳《しずがたけ》の合戦では秀吉の援軍をも務めて、その後の天下統一の方向を決した。

頑固者だが、時勢をみる確かな眼力を備え、常に不偏不党の立場にたてる長秀型の人材は、「織田家」のみならず、組織の宝ともいうべき存在であったろう。

彼は自らの欲を追わず、結果として越前・若狭《わかさ》（現・福井県西部）の両国に加賀《かが》（現・石川県南部）半国を秀吉からまかされ、のちの石高で百二十三万石を領有しながら、残念にも五十一歳で病没してしまった。

困惑したのは、長秀を頼りにしていた秀吉である。彼は長秀を失い、誕生した豊臣政権内部の均衡《バランス》を、大いに修正しなければならなくなってしまう。

長秀の嫡子・長重《ながしげ》は、元亀二年（一五七一）生まれと、まだ少年に過ぎない。とても父の跡をついで、北国全体をまとめられるだけの力量は期待できなかった。

加えて長重は、秀吉の越中《えっちゅう》（現・富山県）攻めの最中に、家臣が軍律を犯したこともあり、越前・加賀半国を召し上げられ、若狭に転封となる。

――ついでながら、長重の不運はつづいた。

九州征伐に出陣し、再び家臣の軍律違反を咎められ、唯一、残った若狭国まで召し上げられ、加賀国松任《まっとう》（現・石川県白山《はくさん》市）に四万石の移封となった。

それでも長重は、その後、朝鮮出兵で活躍して認められ、倍の八万石となって、小松（現・石川県小松市）に移居しているが……。

この長重は、関ヶ原の戦いを西軍側について参戦した。そのため戦後、所領を一度は没収されたが、のちに改めて常陸《ひたち》国古渡《ふっと》（現・茨城県稲敷市）で一万石を与えられている。

大坂の陣では徳川方について戦功をあげ、最終的には陸奥《むつ》白河（現・福島県白河市）で十万七百石を拝領するまでになっていた。さすがに、長秀の後継だけのことはある。

寛永十四年（一六三七）閏《うるう》三月、長重は六十七歳で没した。

ふと思う、もしも父・長秀に、長重ほどの寿命が与えられていれば、「豊臣家」の将来はまったく違うものとなっていたに相違ない。

人間は誰しも、己《おの》が寿命は読めないもの。それは秀吉も、同じであった。

長秀を失った秀吉は、長秀の下で敵愾心《てきがいしん》を露《あらわ》にしつつ、どうにか均衡をとっていた前田《まえだ》利家《としいえ》と佐々成政《さっさなりまさ》の二人のうち、自らが御《ぎょ》しやすい利家を長秀の地位《ポスト》に引きあげ、据えた。

秀吉は内心、「前田利家ならば、いつでも討てる」との安心感を持っていた。利家の能力を、佐々より下に見ていたのである。

ところが皮肉なことに、その利家が秀吉の死後、徳川家康と並ぶこととなった。

個人の力量において、利家はとうてい家康には勝てない。

一方の成政は徹頭徹尾の家康嫌い、合戦をさせれば利家よりは強かった。

さぞかし秀吉は、あの世とやらで、自らの安直な判断の誤りを、嘆き後悔したことであろう。あるいは、いまさらながら長秀の早すぎる死を、責めたかもしれない。

息子・政宗に、生命を懸けて模範を示した父 伊達輝宗

「伊達政宗」を創った父

時代は乱世であった。才覚があり、力量にすぐれていなければ、いくら大名・領主の直系嗣子《しし》であっても、一族や家臣はついて来てはくれない。

それは戦国の不文律《ふぶんりつ》であったが、のちに〝奥州《おうしゅう》（現・東北地方）の覇者〟となった伊達《だて》政宗《まさむね》は、片目を疱瘡《ほうそう》（天然痘）で失い、そのため性格も内気で、母（出羽山形城主・最上《もがみ》義光《よしあき》の妹）の義姫《よしひめ》はこのわが子＝嫡子《ちゃくし》を遠ざけた。

もし政宗に輝宗《てるむね》という父がいなければ、〝独眼龍〟は歴史に埋没したに違いない。

振り返れば伊達家は、源平争乱ののち、奥州を平定した〝鎌倉殿〟こと源頼朝《みなもとのよりとも》の軍勢に、御家人「常陸入道念西《ひたちにゅうどうねんさい》」として登場。祖となる伊達朝宗《ともむね》は、奥州伊達郡（現・福島県伊達市周辺）の地を賜わり、姓を「伊達」に改めたという。

この土着の勢力は南北朝の時代、当主行朝《ゆきとも》の活躍によって、領土を大いに拡張。室町幕府の成立後は、文武に秀でた〝中興《ちゅうこう》の祖《そ》〟・九代の「大膳大夫入道円孝《だいぜんのだいぶにゅうどうえんこう》」こと、諱を「政宗」とする人物の出現により、黄金時代を迎えた。大膳大夫政宗の妻は、三代将軍・足利《あしかが》義満《よしみつ》の生母・良子の妹で、将軍家の支援を得た政宗は、奥州屈指の有力国人となった。

以後も伊達家は大いに発展し、大永二年（一五二二）、十四代・伊達稙宗《たねむね》はついに陸奥国（現・福島県、山形県の一部、宮城県、岩手県、青森県）守護となった。

だが、好事、魔多し（調子の良いときほど、邪魔が入りやすい）。

稙宗と嫡子・晴宗《はるむね》の間で、父子喧嘩《おやこげんか》が勃発する。

天文十七年（一五四八）、六年ぶりに和平の成ったとき、稙宗は六十一歳、晴宗は三十歳となっていた。この晴宗の嫡子として、四年前の天文十三年に生まれていたのが、伊達輝宗、すなわち政宗の父であった。

米沢城主となった輝宗は、学者の遠藤基信《えんどうもとのぶ》を家臣として登用し、家中を統率。外は会津《あいづ》

伊達政宗を教育しつづけた輝宗。最期は、
己れの生命と引き換えに、失敗の必然性を示し、失敗のリスクを政宗に理解させた

葦名《あしな》氏と婚姻を結んで友好を保ち、相馬《そうま》氏とは天正初期（一五七三年頃）から戦い、伊具《いぐ》郡（現・宮城県南部）を回復、のちに講和した。

その一方で、小柄で貧相でもあった嫡男・梵天丸《ぼんてんまる》（のち政宗）に、名僧・虎哉宗乙《こさいそういつ》をつけ、息子の教育を任せた。

この効用は計り知れないほど、大きかった。武士の教育として理想的であったのは、貴重な体験とすべき失敗を、マイナスと捉えず、積極的に次の成功へとつなぐ、新たな道を模索するものであったが、禅僧の問答はこれに適していた。

蛇足ながら、この武士による教育のスタート＝気づきが、泰平の世となり、いつの間にか否定され、目的と手段が入れかわり、考えるスピードをやたらに競うようになり、定められた設問への正解を、最短で出す方法が重視されるようになった。

「こうすれば、失敗せずに成果をあげる」

といった方法論——見方を変えれば、他人の成功事例を真似《まね》することが、成功への道だとする考え方は、はやくも戦国時代の後半＝織田信長の活躍期にも存在した。

戦国武将の帝王学にまま、みられる。だが、他人の成功は必ずしも、自分の成功には結びつかない。第一、成功には定められた法則がないことは、乱世の生き残りのうえで、武士たちが実践の中で明らかにしたことの一つであったろう。

成功が定まらない時代に求められるのは想像力であり、創造性——決められた課題を解くのではなく、自分で課題を設定して解く能力であった。

にもかかわらず、時代がくだるほどに、特に「昭和」の後半から「平成」、「令和」へと進むにしたがって、設問に「解」を素早く出すことばかりが求められるようになった。

このことは、拙著『渋沢栄一と明治の起業家たちに学ぶ　危機突破力』（日経ＢＰ）でも詳しく触れている。これでは人生に待ち構えている〝失敗〟に、太刀打ちできない。

虎哉は徹底して梵天丸を問答で締め上げ、自分で物事を徹底して考えさせる習慣を根付かせた。また、輝宗は多くの人物の中から、武勇で鳴る俊英・片倉小十郎景綱《かたくらこじゅうろうかげつな》（二十一歳）を、わが子の傅役《もりやく》に配置している。

もとは米沢八幡（現・成島八幡神社〈山形県米沢市〉他説あり）の神主の子であるとされる景綱は、輝宗の徒小姓《かちこしょう》（主君の外出時に徒歩で付き添う小姓）にあがった人物。自らが武士以上に武士らしくありたい、と常に考え、工夫する人柄であった。

失敗の必然性を、わが子に教える

輝宗は剛腕タイプの主君ではなかったが、家臣の声に耳を傾けつつも、梵天丸の弟・竺《じく》丸《まる》に家督を譲っては、との声に対しては、言を左右にしつつ、梵天丸が十一歳になると、電光石火に「藤次郎《とうじろう》政宗」の名乗りを与え、家督を譲った。

自らは隠居となった輝宗は、伊達家中興の祖の名を継がせることで、わが嫡子に苛酷《かこく》な乱世を行き抜く覇気を求めた、といってよい。

手足となる側近にも、武張った者たちを集めている。その一方で輝宗は、自らも頼った遠藤基信を、改めて政宗につける配慮も示した。

輝宗は時代の転換期——小勢力の争いから、それらが併合して、大勢力同士のぶつかり合いへと向かう時勢——を感じとっていたようだ。

中央に比べて五十年は遅れている、とされてきた奥州は、この頃になってようやく、戦国初頭の群雄割拠《ぐんゆうかっきょ》の時代を迎えていた。

このままでは外交・合戦に長けた、最上家の若い当主・義光が、混戦から抜け出し、奥州を統一するかもしれなかった。輝宗が家中の混乱を未然に防止したのは、新時代に適応できる軍編成を、政宗の手で再編させたかったことが大きい。

輝宗は政宗を後見しつつ、当主としての経験を積ませるつもりでいたのだろう。

ところが、父から当主を譲られた政宗は、一年余りのちの天正十三年十月八日、その父を畠山《はたけやま》（二本松《にほんまつ》）義継《よしつぐ》に、目前で刺殺《しさつ》される悲劇を経験することとなる。

一説によれば、義継に刃を突きつけられた輝宗は、駆けつけたわが子・政宗に対し、

「わしもろともに、義継を撃て！」

と命じた。「こうすれば上手くいく」という、模範解答の知識伝達は、こうした緊急の場面では、全く役に立たない。基本重視のマニュアル通りに行っても、決して応用はその通りにいかないのが現実である。

輝宗は己れの生命と引き換えに、「このような状況では、最善の解決策はなく、次善の策を取るしかないのだ」ということを、政宗に教えたかったように思われる。「こうすれば、まずくなる」という失敗の必然性を知ることは、同じような失敗をくり返す時間と手間、かかるリスクを省くことにつながる。上手くいくことばかり教えられている人よりも、間違いなく、ワンランク上の独創性を持つことができた。

輝宗はそのことを、己れの一命にかえて、息子に伝えたかったのだ。

涙をのんで政宗が放たせた銃弾に、輝宗は満足そうに倒れたという。輝宗の享年は、四十二であった。やむを得ない情況とはいえ、最愛のわが子が放たせた銃弾で、生命を落とした輝宗の悲劇は、過酷すぎるものがある。

が、この瞬間、政宗の人間力を飛躍的に高めることにもなった。

父の死は、間違いなく政宗の、生涯の十字架となったのだから。

――残された政宗は、いつまでも、父の用意してくれた威光だけを、背負っているわけにはいかなかった。彼は、中央で誕生した豊臣政権に対して、それなりに順応しようと懸命の努力を重ねている。可能なかぎり、天下の動静に自らを合わせようとつとめた。父を失うような、「痛い目」＝大きな失敗は二度としたくない。政宗は、虎哉や景綱の助言にも、真剣に耳を傾けた。

そんなおりの天正十八年五月、小田原征伐に向かう豊臣秀吉から、上洛の命を受けた政宗は、最善策が思い浮かばぬ中、次善の策として、後顧の憂いを除いておくべく、出発まえに弟・小次郎《こじろう》（竺丸）を討っている。

小田原到着のおりには、遅参によって、奥州に築いた領土、己れの生命までも危ういと考えた政宗は、死装束《しにしょうぞく》の出で立ちで現れた。そうした演出が嫌いではない秀吉のウケを狙い、一方で、徳川家康、前田利家、千利休《せんのりきゅう》に、各々の思惑を考えながら根回しを行って、ついには秀吉に、これまで広げてきた奥州の領土を一部削られ、七十余万石の大名にされることで生き残った。これも、父の死に学んだ政宗の成功であった、と筆者は思う。

秀吉の「天下」を認めながらも、政宗は取り上げられた旧領を取り戻すべく、裏に回って一揆を扇動《せんどう》したこともあったが、自身の花押《かおう》に針で穴を開けておくことで弁明するという、用意周到さでなんとか窮地を脱し、秀吉在命中、政宗は〝野心〟を疑われながらも、ボロを出すことはなかった。

政宗はそれでも、隙あらばと奥州諸郡を睥睨《へいげい》している。

のちに徳川家康の天下となってからも、政宗は天下取りへの野望は捨てず、義息となった松平忠輝《まつだいらただてる》（家康の六男）を押し立てて、徳川の財務を統括する大久保長安《ながやす》と組み、あわよくば忠輝を三代将軍に、と政権奪取を狙いながらも、予期せぬ長安の病死、家康から己れが疑われている様子、そして時勢を冷静に客観的に読み、矛を収めて、将軍家を見守る役回りに転じ、泰平の世を生き抜いた。

寛永十三年（一六三六）五月、政宗は七十歳の生涯を閉じている。生涯、胸中にあった父よりは、二十八年も長く生きたことになる。

律儀者が下した苦渋の決断
浅井長政

信長に期待された義弟

尾張一国を統一し、隣国美濃をも併合した織田信長は、将軍候補の足利義昭《よしあき》を擁して、一路、京都をめざした。

残る問題は、途中の近江路をどうするか、であったが、江北《こうほく》（湖北《こほく》）の戦国大名・浅井《あざい》長政《ながまさ》（当時二十三歳）は性格が剛直で律儀者。堂々とした体軀《たいく》に加えて、先見性もある若者だという。

これは有難い。信長はすでに、同盟関係にあった三河《みかわ》（現・愛知県東部）の徳川家康と

律義者の浅井長政。が、信長を裏切り、朝倉家と組んで
信長を包囲・殲滅するという企てに乗ってしまった

同様に、浅井家との同盟を画策。上洛に先立ち、その切り札として、永禄十年（一五六八）、異母妹・お市《いち》を長政へ嫁がせた（同七年説もある）。

長政は、やがて信長が天下を取る、と見通すだけの眼力をもっており、この同盟が浅井家の運を開くものと信じて疑わなかった。

ただ、浅井家は京の都に近いこともあり、国人一人一人の主張も強く、連合体として浅井家を、当主に担いでいるという家内の事情があった。ピラミッド型というよりは、横の〝一味〟の集合型であり、浅井家当主の発言力は地方の戦国大名ほどに大きくはなく、コンセンサスを取るのにも時間を要した。

加えて、越前の名門・朝倉家とは地政学上、つながる地域ということもある。

長政は信長と同盟するにあたって、

「朝倉家と差し障りが生じた場合、先ず浅井家に連絡していただきたい」

との条件を提示し、信長の了解を取り付けた、ともいう。

こうした長政の律儀さを、信長は決して疎《うと》ましく思わず、むしろ好んだ形跡があった。

傍目《はため》にも羨《うらや》むほど、信長は義弟長政を引き立てている。京都の公家や豪商にも長政を売り込み、家康と並ぶ厚遇と他者には映ったかもしれない。

それでいて信長は、長政との約定《やくじょう》を一方的に破棄したのであった。

名門意識を鼻にかけ、成り上がりの信長を軽蔑する朝倉家の当主・義景《よしかげ》は、信長の再三にわたる上洛要請にもかかわらず、これを黙殺した。

「信長ごとき者の命令など、きけるか」

と、いったところであったろう。

信長は、この朝倉義景の態度を、室町幕府十五代将軍となった足利義昭への、叛逆《はんぎゃく》行為と見做《みな》した。難癖といってよい。否、最初から朝倉征伐を意図し、自身が官軍となることで自軍を正当化して、家康の軍勢や大義名分で集めた兵力を率い、不意を衝《つ》いて越前敦賀《つるが》平野（現・福井県敦賀市）に殺到した。

信長にすれば、これは私闘ではない。将軍の命令を受けての〝公〟の戦であるから、長政に通告する筋合いのものではない、と解釈し、約束した報告義務を果さなかったのだろう。が、その一方で、長政には征伐の連合軍に参加しろ、とは伝えていない。

長政は消極的中立＝傍観してくれるだけでいい、と信長は考えていたようだ。

当の長政は、そうした信長の心中を察していた。ところが、彼の家臣団が信長の行為を認めようとせず、今こそむしろ好機、と長政へ朝倉家と組んでの信長叛逆を進言する。

深い思慮が欠けていた⁉

「昭和」の時代、名門・朝倉家の庇護《ひご》を受けて、独立した経緯が浅井家にはあり、両家は長年の友好関係にあった、という〝物語〟が語られていたが、これは史実ではなかった。

両家に特別な交わりはなく、むしろ朝倉家は代々、浅井家三代の仇敵《きゅうてき》・六角《ろっかく》氏と信頼関係のある間柄であったことが判明。反信長はあくまで、浅井家内部の事情――信長への不平・不満。その代表が、長政の父・久政《ひさまさ》であった。

朝倉家がこのまま滅亡すれば、その分、信長の天下制覇は着実に近づく。

その暁には、義弟の己れは、朝倉の旧領を得られるかもしれないし、栄耀栄華《えいようえいが》も夢ではない。長政には、そのことが理解できていた。が、形の上だけの家臣団が納得しなかった。

彼らは信長に、こき使われた日々を恨み、自分たちは織田家の家臣ではない、との反発心をたぎらせていた。

ここで、長政のリーダーシップが問われる。彼も彼なりに、懸命に考えたであろう。

信長に抗《あらが》えばどうなるか。この〝覇王〟を朝倉家と組んで一閃《いっせん》、一撃の下《もと》に倒せれば問題はなかった。しかし、もしも取り逃がすようなことにでもなれば、浅井家に単独で織田家と渡り合えるだけの軍事力はなかった。

当惑し、苦慮した挙句、長政は家内大多数の総意＝叛逆のほうを選択する。そこには当然のことながら、戦国武将としての一分《いちぶん》――自らの野心――もあったであろう。

長政はすぐさま、敦賀に展開する織田軍の退路を遮断。朝倉軍に呼応して、織田連合軍の包囲殲滅《せんめつ》の挙に出た。この変報に接した信長は、当初、容易に信じられなかったようだ。

「まさか、あの律儀者が……」

絶句したほどであった。

信長にしてみれば、愛妹を与え、官位を昇進させるなど優遇した長政が、なぜ逆らうのか、理解できなかったのも無理はない。が、同様に浅井家臣団たちが己れをどう見ていたか、を信長は突き詰めて考えようともしなかったろう。

長政を弟のように思う、という自らの心中とは別に、こき使ったことへの弁明が信長にはなかった。筆者は、本能寺の変の予感を、ここまで引っ張って考えてきた。

いずれにせよ長政には、失敗は許されなかった。

だが、信長は朝倉氏の緩慢《かんまん》（速度や動作が遅い、のろい）にも助けられ、この危機を掻《かい》潜《くぐ》り、九死に一生を得て京都へ生還してしまう。

「もはや、これまでか……」

信長を討ち洩《も》らした長政は、それでも姉川《あねがわ》（現・滋賀県長浜市）の合戦に挑んだものの、同盟者・義景の優柔不断さに足をとられ、ついには本拠地の小谷城《おだに》（現・滋賀県長浜市）に立籠《たてこも》ることになる。

動揺する将士たちを鎮めるため、長政は己れの手で、己れの葬儀（逆修供養《ぎゃくしゅくよう》）まで出している。家臣たちは長政の潔さに感激し、城を枕に討死《うちじに》の覚悟を固めたという。

長政は妻・お市と娘三人を信長の許に送り届けて、嫡子・万福丸《まんぷくまる》は城から逃し、家臣の助命を条件に、降伏を一度は受け入れたが、織田軍が家臣を捕えるのをみて、ついには自刃して果てた。長政の享年は、二十九であった（万福丸はのちにみつけられ、殺される）。

長政は他人本位に、朝倉家の軍事力を評価して、信長を包囲・殲滅するという大いなる企てに乗ってしまった。朝倉家なしでも成し得たのか、もし信長を取り逃がしたらどうなるのか、といったことを、長政は家臣団と突き詰めて話し合った形跡がなかった。

成功の最短距離のみを見つけ、失敗した場合のことを深く思慮しなかったことが、やはり長政の命運を決したようだ。

ただ、彼の子——三姉妹のうちの、長女は淀殿《よどどの》として豊臣秀吉の側室となり、世継ぎの秀頼《ひでより》を出産。次女は名門京極《きょうごく》家に嫁ぎ、三女の江《ごう》は徳川幕府二代将軍・秀忠《ひでただ》の正室となって、三代将軍・家光《いえみつ》を産む。江の末娘・和子《かずこ》（まさこ、とも）は後水尾《ごみずのお》天皇（第百八代）の中宮となり、その長女は女帝・明正《めいしょう》天皇（第百九代）となった。見方によれば、長政の血脈は天皇家と将軍家に流れて、天下を統《す》べることになった、といえなくもない。

これも、ひとつの逝き方であった。

しかし、長政の旧領に入った秀吉が、やがて天下人となったことを思えば、長政の失った未来の可能性は、血脈以上に大きかったともいえる。残念なことであった。

戦国一の美女
お市の方の意外な散り際

一度目の「死地」を生き残る

織田信長の愛妹・お市の方は、色の白い細面《ほそおもて》の美しい女性であった。肖像画が現存している。長女の淀殿が描かせたもので、その信憑性《しんぴょうせい》は高い。

美濃を自領の尾張に併合し、初めて〝天下布武〟の印を使用するようになった信長は、京都への上洛ルートを確保するべく、北近江（現・滋賀県北部）の大名・浅井長政に、自慢の美貌の妹を嫁がせた。

明らかな政略結婚であったが、夫婦の仲は意外に良く、その夫は義兄を尊敬もしていた。

信長の妹・お市の方。夫・浅井長政が自刃してからは、
三人の娘と信長のもとで暮らした。本能寺の変でまた、状況は変わる

ところが、永禄十三年（一五七〇・四月に「元亀」と改元）四月、信長が連合軍を率いて越前の朝倉義景を攻めたおり、長政は豹変《ひょうへん》する。

破竹の勢いで侵攻した織田連合軍が、明日はいよいよ朝倉氏の本拠地・一乗谷《いちじょうだに》（現・福井県福井市城戸ノ内町）を屠《ほふ》るという前夜＝二十八日の夜、長政は突然、窮地に立った朝倉家に呼応し、連合軍の退路を断つ挙に出たのである。

「まさか、長政が離反？」

信長は信じられない面持ちで、しばし呆然《ぼうぜん》と立ちつくした、と伝えられる。無理もない。長政の篤実な性格を、信長は読みとっている、と自負してきた。それが突如、寝返ったとは――この知らせを伝えてきたのが、お市であった。

彼女は兄への陣中見舞いに小豆を贈り、小豆をくるんだ布の両端は結んで、信長が「袋のねずみ」であることを、暗に教えたという（『朝倉義景記』）。

攻め込んだ敦賀平野は、三方を山襞《やまひだ》に囲まれ、一方は日本海である。前後から挟撃されれば、まさに「袋のねずみ」であった。

信長は躊躇《ちゅうちょ》することなく、神業《かみわざ》のような迅速さで金ケ崎《かねがさき》（現・福井県敦賀市）の戦線を離脱する。いわば連合軍ことごとくを、敦賀に置き去りにしたに等しい。

だが、浅井・朝倉両軍は、この好機に信長の首をあげることができず、かえって彼に再起の機会を与えてしまう。同年六月、信長は徳川家康を誘って、近江姉川に長政と朝倉景健《かげたけ》の連合軍を破り、本願寺顕如《ほんがんじけんにょ》が反織田の陣容に加わると、信長は正親町《おおぎまち》天皇に勅命を乞い、浅井・朝倉家と時間稼《かせ》ぎの和睦を行う。

信長の生涯で最も苦しかった「元亀」年間の二年と三ヵ月、信長は超人的な忍耐力で包囲網と対峙しつづけた。

その後、信長包囲網の中核を担っていた武田信玄が、病（胃がんか、食道がんか）でこの世を去り、同じ頃、十五代将軍・足利義昭を畿内から中国地方へ追放した信長は、天正元年（一五七三）の八月、朝倉義景を滅ぼすにいたった。

浅井領はこの間、櫛《くし》の歯を抜くように次々と支城を陥《おと》され、家臣に寝返られ、ついには長政の小谷城のみとなってしまう。

さて、夫・長政は、己《おの》が妻のお市が兄・信長を助けた金ケ崎における行為を、どのように受け止めていたのだろうか。信長が生還したあと、お市は別段、監禁されてはいない。信長の許に戻されてもいない。一応は、長政に許されたのだろう。

否、長政はそれどころではなかったのかもしれない。

彼は城内の動揺を抑えるため、己れの生前葬儀をおこない、人心を引き締め、徹底抗戦で、残された唯一の侍の道——〝滅びの美学〟を全《まっと》うしようとしていた。

天正元年（一五七三）八月二十七日、籠城空しく父・久政が自害、九月一日には長政も自害して果てた。ときに久政は四十九歳、長政は二十九歳であった。

城は炎上することもなく開城され、お市の方とその子・茶々《ちゃちゃ》（のち淀殿）、初《はつ》（のち京極高次《たかつぐ》の室）、江（のち二代将軍・徳川秀忠の室）の三姉妹は、信長のもとに無事に届けられ、信長の弟・信包《のぶかね》の守る清洲（清須）城に引き取られた。

なぜ、信包だったのか——彼とお市の母親が同じであったから、ともいわれている。信長は彼なりに、お市に気をつかっていたのだろう。

長政の嫡男・万福丸（母はお市ではない）と次男の幾丸《いくまる》（母は不詳）は、城を逃れたものの捕えられ、磔殺《たくさつ》に処せられている。

お市の方と三人の娘は、信長庇護のもとに、実兄のもとで平穏に暮らしていたが、天正十年六月、本能寺の変で信長が横死すると、彼女たちの生活環境も一変した。

とりわけお市の方の美貌は衰えを知らず、織田家の筆頭家老・柴田勝家と、主君の仇討を行った功臣の羽柴秀吉が、強く彼女を望んだという。

お市の方が自ら判断したかどうかは不明だが、彼女は勝家と再婚して、朝倉氏滅亡後の、信長より勝家が拝領した越前――北ノ庄城《きたのしょう》（現・福井県福井市）に移り住み、〝小谷の方〟と呼ばれることになる。

一般にお市は、秀吉の織田家簒奪を危惧し、信長の三男・信孝を擁立して織田家を守ろうとした勝家を支持したともいう。

ときに勝家は五十三歳、お市の方は三十六歳であった。

しかし、二人の婚姻の翌年＝天正十一年、秀吉と勝家の間に、織田家の主導権争いが起こり、やがて両者の戦いは賤ヶ岳の合戦へ。この一戦を、勝家側の前田利家の裏切りによって制した秀吉は、敗走する勝家を追って北ノ庄城を包囲する。

二度目の「死地」に出した結論

――落城が迫っていた。

夫の勝家は、お市の方に城から落ちのびるようにと説得したが、彼女はついに聞き入れなかった。三人の娘を秀吉の許へ無事に送り出すと、お市の方は夫・勝家と家臣たちと宴《うたげ》を催し、その後、天守にのぼり、夫妻は静かに盃《さかずき》を酌みかわして、念仏を唱和し、火炎の中で自刃して果てたという。

『天正記』に拠れば、このとき勝家には妾《めかけ》十二人、三十余人の女房（女使用人のこと）がいたようだが、彼女たちは勝家の股肱《ここう》の臣八十余人とともに、主人夫婦の死出《しで》の旅路に供をした。

その日の朝、お市の方は辞世の歌を詠んでいる。

さらぬだにうち寝《ぬ》る程《ほど》も夏の夜の
夢路《ゆめじ》をさそう郭公《ほととぎす》かな

意味は、ただでさえウトウトしてしまう夏の夜、来世と現世をつなぐというホトトギスの鳴き声が、私を夢路にさそう——となる。これに唱和するように、

夏の夜の夢路はかなき跡の名を
雲井にあげよ山郭公《やまほととぎす》

と勝家は返した。夏の夜のように、短くして散ったわれわれの名を、雲のうえ（天上＝あの世）まで伝えてくれ、山ほととぎすよ、との意味となる。

お市、ひいては織田家の血脈――浅井長政の無念というべきか――は、娘の茶々を通して豊臣家へ流れ、豊臣家滅亡後は、三女の江を通じて徳川家・天皇家と結ばれることになる。稀有《けう》な生き方をしたお市の方の享年は、三十七であったという。

彼女はおそらく、戦国の世の城主の妻たるものの最期がどうあるべきかを、浅井長政の小谷城で学んだに違いない。

（あそこで死ぬべきであった）

と思ったか、あの時は子供が小さかったので、あれはあれで良かったのだ、と北ノ庄の落城を迎えたことであろう。

お市がどのように学び、自らの最期にいたったか、読者諸氏の見解は様々であろうが、彼女は二十一世紀の日本においても、戦国を代表する女性として、史料の類《たぐい》はほとんどないにもかかわらず、絶世の美女として語り継がれている。

家康を追撃しなかった上杉景勝・直江兼続の心中

出来すぎる補佐役

上杉謙信の死後、勃発したお家騒動〝御館《おたて》の乱〟に勝利したとき、上杉景勝（謙信の姉の子）は二十五歳。補佐役の直江兼続《なおえかねつぐ》は、わずかに二十歳であった。以来、両者の信頼関係は盤石となっていく。

ふり返れば、戦国の〝覇王〟となる織田信長が、東海の太守・今川義元を桶狭間の戦いで屠《ほふ》った永禄三年（一五六〇）、越後・上杉謙信の家中で、兼続は生まれていた。

幼名を与六《よろく》、父は陪臣《ばいしん》（家臣の家来）の身分であったが、生来の利発さが謙信の姉・仙《せん》

上杉景勝を上杉家当主に立てた直江兼続。領国経営にも優れる。
景勝は、宿将中、地位が群を抜く直江姓を兼続に継がせている

桃院《とういん》の眼にとまり、謙信の後継者と目《もく》された景勝の近習《きんじゅ》となった。

——兼続は、謙信の薫陶も直接、受けている。

兼続が、その類稀《たぐいまれ》な謀才を初めて世上に発揮したのは、天正六年（一五七八）三月九日、謙信が脳溢血《のういっけつ》で倒れ、人事不省《ふせい》のまま四日後の十三日に没した時であった（享年、四十九）。謙信は跡目を定めぬままにこの世を去ったため、景勝と、もう一人の養子・景虎《かげとら》（実家は小田原北条氏）との間で、上杉家の跡目をめぐる紛争＝御館の乱が勃発する。

このお家騒動は、明らかに景虎に分《ぶ》があった。なにしろ、彼の実父は北条氏康であり、その武力は優に越後上杉家に匹敵した。加えて、甲斐の武田勝頼が、北条との同盟もあって景虎支援を表明、越後に進軍してきたのだから、大方《おおかた》は景勝の敗北を思ったであろう。

ところが兼続は、一見不可能と思われた敵方の武田勝頼を〝利〟で釣り、応援してくれれば上杉家は、武田家に従うとまで約定をかわし、勝頼を見事に〝調略〟——味方につけて、一年余の内乱を戦い抜き、ついには景勝の政権を実現した（勝頼との約定は、その後、一方的に反故《ほご》にしている）。景勝の、兼続への感謝は大きかった。

四年後の天正十年、景勝は上杉家の宿将中、地位・由緒ともに群を抜く「直江」姓を兼続に継がせ、名実ともに彼を上杉家宰相へと引き上げた。異例の出世といってよい。

そして間もなくすると兼続は、景勝からきわめて広範な権限を委譲され、上杉家の最高軍事指揮権を掌握する。九州を三分した〝肥前の熊〟こと、龍造寺隆信における鍋島直茂のようなもの。もし兼続が望めば理論上、上杉家を簒奪することは容易《たやす》かったであろう。けれども彼は独立を願わず、主君の景勝も疑うことなく、家政の運営は兼続に任せたまま、その助言に従って、自らを豊臣秀吉傘下の大名と成した。

この兼続の判断は間違っておらず、秀吉を主君とした上杉家は、文禄元年（一五九二）には朝鮮へ出陣させられたものの、慶長三年（一五九八）には秀吉より、それまでの越後から会津百二十万石への栄転移封を受ける（このおり秀吉は、景勝に兼続には別に米沢三十万石を宛《あて》がうように、と特に命じている）。

兼続の名補佐役ぶりを傍目で見て、第一級の人物と認めていたのが、秀吉の側近・石田三成であった。三成は兼続と同年齢である。二人は、肝胆相照《かんたんあいて》らす仲となり、ともに豊臣政権について相談する間柄《あいだがら》となった。

一方の景勝という人は、およそ喜怒哀楽を表に現したことがない人で、沈黙が異様に長く、日によっては家臣の前で、一言も言葉を発せずに終わることも、決して珍しくはなかったという。

もっとも、名将謙信の後継者として景勝は、彼なりに苦しんでいたに違いない。凡庸な己れを晒すことなく、すべてを沈黙の中に覆い隠そうとしたのかも。言葉を発すれば、その力量を知られてしまう。

それだけに英才の誉れ高い兼続が、もし野心を抱けば、彼は主人を凌《しの》ぎ、秀吉の直臣＝大名として、景勝と競い合う立場にたつことも不可能ではなかった。

しかし兼続は、そうした私利私欲を生涯、持たず、どこまでも景勝の臣、上杉家の宰相としての立場に甘んじつづけた。

そうした兼続の姿勢を、景勝が内心どう思っていたか。

無論、感謝はしていたであろうが、不甲斐ない己れと常に比較し、人にはいえない劣等感、兼続への妬《ねた》みも心の奥底では、抱いていた可能性はなくもない。

景勝が会津に国替えとなった年の八月、天下人秀吉は幼い後継者・秀頼を残してこの世を去った。享年、六十二。

その天下を狙ったのが、徳川家康である。彼は当初、自らも選ばれている「五大老」のうち残り四人を、各個撃破する作戦を立て、まずは前田利長《としなが》（利家の後継者）を戦わずして屈伏させ、次に関東の背後に憂いなきよう、上杉家を狙った。

慶長四年、景勝は会津百二十万石の体制を整えるべく、手狭な若松城《わかまつ》（現・福島県会津若松市）にかえて、新城築造を神指原《こうざしはら》（同）に開始した。

このことを越後に入封した堀秀治《ほりひではる》に、「謀叛の兆《きざ》しあり」と家康に通報されてしまう。

景勝は豊臣家大老としての、家康への釈明のための上洛命令に応じなかった。

それどころか、兼続は景勝の代理として、家康に宣戦布告の書状＝「直江状」を発した、と伝えられている。

もっとも、この「直江状」の実物は存在せず、後世の偽作とする説もあるが、それでも最後の、「いずれ家康や嗣子の秀忠が、武力に訴えて会津に攻め寄せるというなら、万事はそのおりに決着をつけよう」のくだりは、景勝―兼続主従の、当時の心情を正しく吐露していたかとも思われる。

景勝―兼続主従は、家康の後継者・秀忠の軍勢＝徳川正規軍三万八千を信州上田城（現・長野県上田市）で待ち伏せた真田昌幸《さなだまさゆき》と同様、家康軍を予定した主戦場＝革籠原《かわごはら》（現・福島県白河市白坂石《しらさかいし》阿弥陀）で待ち伏せ、内に誘い込み、三方に伏せた主力でもって痛撃をあたえ、さらに決戦して、徳川勢を追い落とす作戦を立案していた。

家康が上杉勢につかまる一方、上方で石田三成の軍勢が挙兵すれば、家康の劣勢は満天下に明白となる。実際の関ヶ原がそうであったように、兵力数では西軍が優《まさ》っており、家康の劣勢を知れば東軍の動きは止まり、西軍が勝機を摑《つか》めた可能性は高かった。

しかしながら、関ヶ原の戦いを後世からふり返った場合、三成の挙兵は素早すぎた。

上杉は追わず

そのために、白河経由で会津へ進攻するはずの家康は、下野《しもつけ》国小山《おやま》（現・栃木県小山市）で軍議を開き、そのまま軍を西へ返してしまう。

いわば、上杉軍は肩すかしを喰わされたようなもの。それでも、兼続は動じなかった。臨戦態勢をとっている越後勢をもって、白河口を打って出て、家康軍を追尾し、無理にも一戦を挑み、時間を稼ぎさえすれば、西の三成との挟撃態勢は完璧となったであろう。

ところが、上杉軍はこの局面をなぜか、静観してしまう。

「人の危うきに乗ずるは、上杉兵法に非ず」

これまで一度として、兼続と見解を違《たが》えたことのなかった景勝が、珍しく兼続の進言を聞き入れず、首を横に振ったからであった。

〝勝てるがゆえに戦わず〟の謙信の美学が、景勝をしていわしめたのであろうか。それとも、家康を追って、こちらの背後を伊達政宗に襲われることを危惧したのか。勝てば、兼続の功績となる。まさか、常日頃の己れの反省、不甲斐ない思いが、このような形で爆発したのであろうか……。

兼続は懸命に、主君景勝に食いさがった。もし今、家康を討たねば、次に家康が現れた時に上杉家は完敗し、滅亡してしまいます、と。だが、ついに景勝は自説を曲げなかった。人間は明日を、事前に知ることはできない。

補佐役の立場である兼続の、ここが限界ともいえた。彼は主君ではない。景勝が嫌だと言っているのだ。兼続は仕方なく、次善の策として上杉家の永世中立を画策する。

領土を少しでも広げて、家康が万一、三成に勝利し、再び進攻してくる日に備えるべく、最上義光《もがみよしあき》の出羽《でわ》山形を攻め取る前提の、長谷堂《はせどう》城（現・山形県山形市）ほかを攻めたが、〝天下分け目〟の戦いが、わずか半日で決着するという前代未聞の結末となり、この構想はあえなく潰《つい》え去った。

国境を閉ざして、家康方の東軍諸侯と戦いながら、兼続は秘かに外交交渉を進め、名誉ある降参、主家の社稷《しゃしょく》を全うすべく、苦渋に満ちた手段を講じる。

家康の謀臣・本多正信《まさのぶ》に誼《よしみ》を通じ、その次男・政重《まさしげ》を直江家の養子に迎え、政重に景勝の娘を娶せて、その子を次の藩主にする――そこまで兼続は考えていた。

まさに、滅びようとする上杉家の、存続を懸命に図っていたといってよい。

その結果、上杉家は本来、兼続のものであった米沢三十万石に減封され、領地は大幅に削られたものの、徳川幕藩体制の雄藩として、生き延び得たのであった。

兼続は米沢への移封に際して、新規奉公の者が上杉家を去るのは追わなかったが、旧来の家臣は一人として禄を離れさせることはなかった。領地は四分の一となったが、兼続は謙信以来の軍用金を使い、全体の家禄を三分の一の減俸に留めたのである。

これではスター級の部将たちも、傍目もあり、他家へ仕官するのは難しい。

兼続は家臣団に語りかけ、ともに苦難の減封に耐えさせた。

以降、彼は黙々と新領国の経営の実務に専念する。

「武士の魂である刀や槍に、錆《さび》さえなければそれでよいのだ」

兼続は倹約を旨とし、特産物の生産を奨励した。その甲斐あって米沢藩は後年（兼続の死後）、実高五十万石といわれるまでに藩の力を戻している。

また他方で兼続は、私財を投じて漢籍を収集し、慶長十二年には『文選《もんぜん》』十巻や『論語』などを刊行し、文化事業にも貢献している。

元和《げんな》四年（一六一八）には、領内に禅林寺《ぜんりんじ》（のち法泉寺《ほうせんじ》　現・山形県米沢市）を建立し、学僧・九山宗用《きゅうざんそうそう》を招いて開山となし、藩学興隆をはかっている。

天下の大学者・藤原惺窩《せいか》は、兼続の印象を「成る程、人の云《い》ふごとく、一天下の奸雄《かんゆう》なり。然《しか》しまた器量に至っては、是亦《これまた》一天下の英俊なり」と述べている。

〝仁〟と〝義〟、〝忠〟を貫いた武将として、兼続は〝一級〟の人物であったといえそうだ。

兼続は、元和五年（一六一九）十二月、江戸で死去している。享年、六十。

彼の主君・景勝は、自らが決断した家康追撃不可の命令を、どのような思いでふり返ったであろうか。調べたが、こればかりは皆目、分からなかった。が、その後の歴史が大きく変わったであろうことは、景勝にも想像できたに違いない。

上杉の石高は、百二十万石そのままであった可能性も……。

景勝は、自らの分身ともいうべき名補佐役の死後四年して、その後を追った。元和九年三月二十日、その享年は六十九であった。

時流に乗れなかった徳川最強の〝赤備え〟井伊直政

戦国の一徹者

関ヶ原の戦いは、詰まるところ豊臣政権の武断派と文治派との派閥争いが、そもそもの根底にあった。

このままでは文治派に潰される、と危機感を持った武断派の福島正則・加藤清正《かとうきよまさ》・浅野幸長《よしなが》らが、大大名の徳川家康を担いで、〝天下分け目〟の戦いに臨んだわけだが、徳川の天下となると、勝利した豊臣恩顧の武断派は結局、粛清されることとなる。

多くは、改易の運命が待っていた。

徳川家康が、一目で才を見抜き、小姓として召し抱えた井伊直政。
関ヶ原の戦いでは、島津義弘の甥・豊久を討ち取った

けれども同じことが、徳川家＝江戸幕府でも起きたことを知る人は少ない。

「歴史はくり返す――」

分かりやすい例として、徳川最強と謳われ、徳川軍の先鋒＝〝赤備《あかぞな》え〟を任された井伊直政を見てみたい。

天正三年（一五七五）の冬、遠州浜松（現・静岡県浜松市）で鷹狩りを催した徳川家康は、十五歳の井伊虎松《とらまつ》（のち万千代《まんちよ》・直政）と出会い、これを一目見て、その器量が凡庸でないことを見抜き、三百石で召し出したという。

そもそも、この井伊家は南北期の頃から遠州井伊谷《いいのや》（現・静岡県浜松市北区引佐《いなさ》町井伊谷）を本拠としてきた国人であり、ときの当主・直盛《なおもり》は永禄三年（一五六〇）五月、今川義元の先鋒として出陣し、桶狭間の戦いで討死《うちじに》を遂げている（享年不詳）。

彼に男子がなかったため、一族から直親《なおちか》が養子に迎えられたが、この人物は桶狭間の敗戦後、今川氏と袂《たもと》を分かった松平元康《もとやす》（のち徳川家康）との内通を疑われ、義元の後継・氏真《うじざね》の家臣に殺されてしまう。

虎松は直親の息子であり、生命《いのち》の危機を感じた彼は、郷里から身を隠していた。

そのこともあって家康は、虎松を格別に大切に扱った、ともいえる。

——虎松改め万千代が、家康の近侍《きんじ》となって、主君ともども負け戦に遭遇したことがあった。

退却の途中、とある神社に立ち寄ると、赤飯が供えられていた。

朝から何も食していない家康と家臣たちは、むさぼるように赤飯を食べたが、一人、万千代は赤飯に手を出さない。

「飢えをしのがぬは、馬鹿者ぞ」

気遣って家康が言うと、万千代は次のように答えた。

「それがしは、ここに踏みとどまって、討死の覚悟にございます。防いでいる間に、どうか殿はお退きください。それがしが死んでのち、社頭の赤飯を盗み食いした、と敵に嫌疑をかけられては無念ゆえ、腹を裂かれ検分されることを考え、私は食しませせぬ」

家康は、三河中心主義を生涯貫いた男である。

それがたった一人、家臣としては新参といってもよい遠州者の万千代＝直政を、破格に取り立てた。先代からの因縁に加え、よほどの奉公ぶり、その智略と武辺が際立っていたのだろう（男色の相手とも）。

天正十年（一五八二）三月、戦国最強と謳われた武田家が、織田・徳川連合軍により滅ぶ。このとき家康は、同盟者の信長の目を気にしながらも、武田家の遺臣や名のある坂東《ばんどう》武者を直政に与え、併せて〝武田二十四将〟の中でも、つとに武名の高かった山県昌景《やまがたまさかげ》の〝赤備え〟をも、受け継がせている。

具足、指物《さしもの》、鞍《くら》、鐙《あぶみ》、鞭《むち》にいたるまで、武装を朱一色に染めた〝赤備え〟が再編された。見方を変えれば、直政はこの時点で、徳川最強軍団＝先鋒をつとめる宿命を担ったことになる。

その直政が慶長五年（一六〇〇）九月十五日、関ヶ原の戦いの、最初の銃声を轟《とどろ》かせた。

時勢には勝てず

すでに名乗りは、井伊兵部少輔《ひょうぶしょうゆう》となり、家康の四男・松平忠吉《ただよし》（秀忠と同母の弟）の介添《かいぞえ》を命ぜられる立場となっていた。このとき直政は四十歳、忠吉は二十一歳。

ようやく薄れゆく朝霧の中、名誉ある開戦の口火を東軍側＝徳川方から切った直政は、戦の大勢が決したのち、あえて中央突破を企てた西軍（石田三成方）の島津勢にも、堂々と渡り合い、主将・島津義弘の甥である豊久《とよひさ》を討ち取り、自身も忠吉も戦傷を得た。

戦いが終わり、直政がその日の忠吉の武勇を、家康へ報告に行くと、

「それは鷹匠《たかじょう》（直政）の腕がよいからであろう」

家康は笑いながら、自前の薬を手ずから直政の傷口に塗ってやったという。

この時、その場には同じ東軍の福島正則（四十歳）も居合わせていた。

この日の朝、直政・忠吉らは福島勢の先鋒隊長をつとめる可児才蔵《かにさいぞう》（吉長《よしなが》）から、

「今日の先鋒は、左衛門大夫《さえもんたいふ》（福島正則）なるぞ――」

と、最前線へ出るのを阻まれた。

それを視察と偽って、抜け駆けして功名したのは直政であった。なにしろ、開戦の第一発である。直政はまず、素直に正則へ詫びた。

「今朝の先駆けは、戦の潮合《しおあい》（しおどき）によるもので、貴殿を出し抜くつもりは毛頭なかった」

と。すると正則は、家康の御前でもあり、すでに大手柄をあげていたので、もの分かりのいいところを口にする。

「ご念のいった申し条《じょう》、痛み入る」

――野合わせ（野戦《やせん》）は総じて、だれの手ということはなく、敵に取りつき、いつにて

も戦端を開くのがよかろうと存ずる、とまで言葉を足した。

その応答を聞いた直政は、一礼してその場を去る。

が、この〝徳川四天王〟の一《いっ》は、単なる闘将ではなかった。知恵もある。一間《いっけん》（約一・八メートル）ほど歩いたところで、ふと立ち止まって踵《きびす》を返すと、正則の傍らに戻ってくるなり、

「左候《さそうら》はば（ならば）、今日の一番（先陣を切った）合戦は我らにて候。さよう、お心得《こころえ》賜《たま》はれよ」

と言い放った。これにはさしもの猛将正則も、二の句がつげなかったという。

戦後、直政は関ヶ原の敵将・石田三成の居城・佐和山に十八万石を与えられる。

慶長七年二月一日、この一代の武勲の将は、関ヶ原での戦傷がもとでこの世を去った。享年、四十二。まさに、男子の厄年であったといえようか。

直政の〝赤備え〟は後継者（次男）の井伊直孝《なおたか》に受け継がれ、大坂の陣でも十二分の活躍をすることになる。直政はしっかりと事業承継を行っていたのだが、世の中はやがて泰平となった。軍事の出番はなくなり、幕府という機構を運営する文治派＝官僚が主力となる時代がやって来た。

井伊家は、幕府のナンバー2ともいうべき「大老」を出す家に選ばれる。

ただし、この職は常設ではなく、非常時の最高職であり、「老中《ろうじゅう》」の上位に置かれたもの の、大半は名前だけで、実際の政治を行っていたのは、ときの実力派老中であった。酒井《さかい》・土井《どい》・堀田《ほった》と並んで、大老に選ばれた井伊家は、江戸時代を通じて十二人の大老が出た中で、半数の六人を輩出している。けれども、著名な人物となれば、幕末の井伊直弼《なおすけ》くらいではなかったろうか。

時勢によって、脚光を浴びる部署は変わるもの。活躍の場はなくなったものの、豊臣家の武断派に比べ、徳川家のそれは生き残れたことで、よしとすべきかもしれない。

細川ガラシャの悲劇を、夫・忠興は救えなかったのか⁉

相思相愛の夫婦

封建道徳の時代、惚れぼれするような逝き方を、後世に示した戦国姫として、細川忠興の妻・玉《たま》（洗礼名・ガラシャ）はもて囃《はや》されてきた。

ちりぬべき時知りてこそ世の中の
花も花なれ人も人なれ

細川ガラシャ。明智光秀の娘・玉が細川忠興に嫁いだ。
ガラシャの死で、石田三成は大坂城に人質を取るのをやめた

彼女の死は、〝天下分け目〟の関ヶ原において、活躍した夫・忠興の武功以上のものを、細川家にもたらした。玉の子でもある忠利《ただとし》（三男）がのちに、肥後熊本藩五十四万石を拝領する源《みなもと》も、この偉大な母の自死にあった、といえなくもない。

ガラシャの夫・忠興は、永禄六年（一五六三）十一月、細川藤孝《ふじたか》（幽斎《ゆうさい》）の長子に生まれている。藤孝は室町幕府の幕臣から、織田家の一部将へと転出した人物。忠興は父の教導により、文武に幅広い教養・技量をもって育つ。

天正四年（一五七六）からの、織田家の部将・明智光秀による、紀州雑賀《さいか》攻めや大和片《やまとかた》岡《おか》城（現・奈良県北葛城軍上牧《かんまき》町）攻撃に十四歳で初陣した忠興は、元服して主君信長の嗣子・信忠《のぶただ》から「忠」の一字を与えられ、「忠興」と名乗ることになった。

加えて、織田信長のお声がかりで、絶世の美女と噂されていた光秀の娘・玉を妻とした。二人が夫婦となったのは、天正六年（一五七八）のこと。ともに十六歳であった。

二人の婚姻は、織田家の人々の羨望の的になったという。

二人は今でいう相思相愛――実に仲の良い夫婦であった。

忠興と玉の婚礼から一年後の天正七年七月、明智軍団は丹後《たんご》（現・京都府北部）・丹波《たんば》（現・京都府中部）の平定に成功する。

翌八年に、藤孝─忠興父子は丹後に十二万石を拝領して、宮津城に入った。

その城に、天正十年六月三日、飛脚が飛び込んで来る。

二日の早暁、光秀が信長を本能寺に急襲、弑逆《しいぎゃく》を行ったという。光秀からの使者は、細川父子に合流を促した。細川父子はどうしたか。直ぐさま、信長の弔いを名目に髻《もとどり》を断ち、光秀への荷担を拒絶する。そして玉を、丹後国三戸野《みどの》（現・京都府京丹後市弥栄町須川の味土野《みどの》地区）の山中に幽居せしめた。

天正十年六月十三日、親戚の細川父子の同心を得られなかった光秀は、羽柴秀吉との山崎の合戦において、日没前、総崩れとなり、光秀自身は農民の竹槍《たけやり》に突かれて敗死する。

このおり細川家中には主家の安泰を願い、当主となっていた忠興には内密に、玉に自害をすすめる家臣もあったという。

しかし玉は、拒絶する。

「いま、ここで自害すれば、父（光秀）に対する孝道には適《かな》うものの、夫、忠興の命《めい》を待たずに事を成すこととなり、妻たるものの道を違《たが》えることになりましょう」

こうした玉を慰め、力づけたのは、わずかな侍女、特に小侍従《こじじゅう》であった。

彼女は細川家の親戚、大外記《だいげき》・清原枝賢《きよはらのえだかた》（しげかた、とも）の娘で、当時、世上に流行していたキリシタンの洗礼を受けていた。

忠興はのちに妻の改宗を知り、大いに憤るが、愛する妻を離縁することはできなかった。以後、懸命に秀吉への忠勤を励んだ忠興は、その効《かい》あって秀吉の口利きにより、ようやく逆臣の娘・玉との復縁を実現する。忠興は彼なりに、妻のために懸命であったのだろうが、この頃から夫婦の間には溝ができ始めていた。

忠興は父・藤孝ゆずりであろう、戦塵《せんじん》にまみれる生活の中で、歌道や茶道にも精通し、わけても茶の湯は千利休の高弟〝七哲〟に数えられるほどの風雅の士であった。

決して日和見《ひよりみ》の人ではなく、秀吉が利休に堺での蟄居《ちっきょ》を命じたおり、秀吉の〝威〟を恐れず、師を送ったのは忠興と古田織部《ふるたおりべ》の二人だけであった。

一方で直情径行のあった忠興は、豊臣家で同輩の永井直清《ながいなおきよ》に、細川家の家臣の作法が「殊《こと》の外能《ほかよ》く神妙」と賞されたおり、次のように答えていた。

「家来共に、二度までは教え申候《もうしそうろう》。三度目には切り申候故《ゆえ》か、行儀能《よ》く候」

おそらくは誇張された挿話であろうが、忠興の雰囲気はよく顕《あら》われている。

同時代の大名を見渡しても、彼ほどの武功と教養を全身にまとった〝当主〟は稀であった。が、家の命運は偏《ひとえ》に彼の双肩にかかっており、忠興も気負わずにはいられなかったのであろう。その点を、玉がどこまで理解しようとしたか……。

忠興、生涯の痛恨事

やがて、秀吉はこの世を去る。忠興は明敏に次の時代を読み、徳川家康に臣下の礼をとった。そして、関ヶ原の戦いのおり、玉に悲劇が起きる。

慶長五年（一六〇〇）六月、関ヶ原の前哨＝上杉景勝の征伐に出陣した家康に従い、忠興も従軍。その留守をついて、七月、石田三成が家康を討つべく挙兵した。

大坂に居住する大名の妻子を、三成は大坂城内に人質とすることを決定する。

同月十七日、三成側は家康方諸将の妻子に、大坂城内に移るよう、最終命令を下す。

このおり、大坂城近くの玉造《たまつくり》（現・大阪市中央区）にあった細川家の屋敷には、玉のほか二女の多羅《たら》姫、三女の万《まん》姫、忠隆《ただたか》（忠興の長子）の妻・千世《ちよ》姫（前田利家の娘）、忠興の伯母（叔母とも）・宮川殿（武田信繁《のぶしげ》の後室、七十余歳）の女性ばかりに、少数の老臣と侍女が従っていた。

玉は二人の娘を大坂教会のオルガンチノ神父に預け、伯母と嫁を隣接する宇喜多《うきた》家の屋

敷へ送り、自らは、

露をなど徒《あだ》なるものと思いけん

我が身も草に置かぬばかりを

と詠み、侍女の霜《しも》を呼んでこの辞世を手渡すと、

「火の手のあがるを見れば、袋を頭に被って婢女《ひじょ》の体《てい》をなし、逃れ出て、ことのあらましを我が夫に告げよ」

と命じた（『明良洪範《めいりょうこうはん》』）。

玉は次いで老臣たちを呼ぶと、

「わたしは先年、父・光秀伏誅《ふくちゅう》のおり、細川家の家臣たちから自害をすすめられましたが、与一郎《よいちろう》（忠隆）が幼年であり、ご成長を見届けて殿様（忠興）にお返しし、その後にいかようにも身を処するつもりでおりました。いま、このときに臨み、驚くこともありません。潔く死のうと思います」

と述べ、衣服を改め、十字架を安置する一室に入って祈りを捧げ、留守家老・小笠原少《おがさわらしょう》

斎《さい》の手にかかり、その生涯を閉じた。ときに玉は、三十八歳であった。

老臣たちは玉の死を見届けると、屋敷に火を放って、自分たちも切腹して果てた。

押しかけた三成の手兵は、なすこともなく引き揚げ、以降、諸大名の妻子を人質にするのを三成はやめたという。翌日、玉の遺骨は崇禅寺《そうぜんじ》（現・大阪市東淀川区）に埋葬された。

妻の悲報に接した忠興は、声をあげて泣いた、と『綿考輯録《めんこうしゅうろく》』（通称『細川家記《ほそかわかき》』）にある。しかし玉の潔い最期は、忠興にとって大きな援軍となり、細川家に幸いした。

関ヶ原の合戦を改めて検証すると、秀吉没後、混乱する政局にあって、忠興は家康方の大名でありながら、必ずしも安定した位置にいなかったことがうかがえる。

なにぶんにも、忠興の長子・忠隆は、前田利家の娘婿《むすめむこ》であった。

そのため忠興は、家康の対抗馬に利家を担ごうとする五奉行（前田玄以《げんい》・長束正家《なつかまさいえ》・浅野長政《ながまさ》・石田三成・増田長盛《ましたながもり》）と、家康に阿《おもね》ろうとする武断派大名（加藤清正・浅野幸長・福島正則・黒田長政・蜂須賀家政《いえまさ》・池田輝政《てるまさ》・加藤嘉明・藤堂高虎など）らの、いわば板挟みとなって苦悩していた。

が、関ヶ原の合戦に勝利した家康は、忠興を評価して二度の栄転を命じている。

ここで気づいたのが、忠興の家康への忠勤であった。

その後も無論、変わってはいないのだが、忠興はあろうことか、家康の鎧《よろい》まで自ら作っていた。研究熱心であり、今でいう学究肌の人でもあった忠興は、鎧を熱心に改良し、鉄砲の時代となれば、重さが欠陥となると指摘。弾丸が貫通しなければ、体内にとどまった弾丸が、血肉を腐敗させるとも。

それを避けるには、身体の重要部分とそうでない箇所の防御を、別々に工夫せねばならない、と主張した。忠興は鉄板に牛皮をなめして、交互に繋ぎ合わせることにより、鎧の軽量化にも成功している。

「三斎流《さんさい》鎧」――世間では忠興の号・三斎を冠して、その改良鎧をそう呼んだ。あまりにも評判がよかったので、家康からもぜひに、と所望されたわけだ。快く引き受けたものの、忠興は諸大名からもあまりにも依頼が多く、「おれは鎧師ではないぞ」と家臣に吠えたとか。

同様に刀の鞘《さや》の好みにも、「越中流」と呼ばれるものがあった。

これは彼の官名・越中守に拠《よ》っていた。この人は武将、大名にならずとも、知識教養と技能芸術で十二分に、世の中を渡っていけたであろう。

それでも忠興は、生来の一本気な性格のまま、大名として幕府に仕え、見返りとして九州探題《たんだい》の位置につけられ、周囲に気を配りながら、元和五年（一六一九）、ようやく剃髪して前述の「三斎」を号し、翌年、家督を三男の忠利《ただとし》に譲っている。

さらには寛永九年（一六三二）十一月、忠利が肥後熊本五十四万石に移封されたおり、自らは八代城《やつしろ》（現・熊本県八代市松江城町）に入って、この大国の補佐にあたった。

寛永十八年に忠利が死ぬと、引きつづき、孫の光尚《みつなお》（前名・光利《みつとし》）を後見しつつ、正保《しょうほう》二年（一六四五）十二月二日、忠興は八十三歳の生涯を全うし、この世を去っている。

何事も良くできた彼にとって、玉の自死だけは、生涯の痛恨事であったろう。避ける手立てはなかったか――忠興のことである、懸命に熟考したであろうが、おそらく正解は導き出し得なかったに違いない。

遡って考えれば、玉の死を未然に防ぐためには、主君・信長のもとで心身を擦り減らしていた義父・光秀を慮って、隠居させることが最善の策であったろうが、果たしてそれができたかどうか。難しいところである。

なお、織田信長・明智光秀については、拙著『歴史の失敗学　25人の英雄に学ぶ教訓』（日経BP）をご参照いただければ幸いです。

九十歳を超えて藩政に復帰 歴戦の名家を残した 真田信之

長生きした真田家の三代目

真田伊豆守信之《のぶゆき》（初名・信幸《のぶゆき》）は、実弟・信繁《のぶしげ》（俗称・幸村《ゆきむら》）の劇的な活躍が目立ちすぎて、地味な扱いを受けがちな武将である。

だが、乱世を生き抜き、真田家を明治まで残した手腕は、決して侮れるものではない。筆者は真田氏の〝生き残り〟の正統を継いだのは、信繁ではなく、信之だと考えてきた。

初代ともいうべき祖父の真田幸隆《ゆきたか》（幸綱《ゆきつな》）は、名将・武田信玄の謀臣として、上杉謙信の南下を阻止した出来物《できぶつ》であった。もし幸隆がいなければ、信玄の上洛戦の可能性は、そ

信州松代13万石の大名として91歳まで現役を通した真田信之。
松代藩第三代を幸道に繋ぎ、改易を免れた

もそも生まれなかったに違いない。

次代の安房守《あわのかみ》昌幸は、信玄の愛弟子と言われた人物。その実力は、武勇と智謀で徳川家の軍旗を二度までも倒したことで知られている。

「表裏比興《ひょうりひきょう》の者」（スケールが大きすぎて、捉えきれないくせ者）と豊臣政権が疑いつつ、天下人となった豊臣秀吉が、昌幸を重用したのも無理はない。彼は信之に上州沼田《ぬまた》城（現・群馬県沼田市）を与え、自らは信繁と共に信州上田城にとどまった。

後世の人々は、信繁の大坂の陣での合戦の巧みさを絶賛するが、これには判官贔屓《ほうがんびいき》（はんがん、とも）の要素が強く、おそらく信繁以上に父から軍才を受け継いでいたのは、実は信之の方であったろう。

その証左に彼は、ぜひにと望まれて、〝徳川四天王〟の武辺の将・本多平八郎忠勝の娘を妻にしている。その後の関ヶ原の戦いでは、西軍に与《くみ》した父・昌幸と弟・信繁の助命嘆願を行い、東軍に参加して立てた己れの武功と引き換えに、二人を高野山《こうやさん》（現・和歌山県高野町）に幽閉＝存命させることに成功している。父はそのまま、高野山にて病没。弟は抜け出して大坂城に登り、大坂冬の陣で活躍し、大坂夏の陣で戦死を遂げた。

時代は移り、元和二年（一六一六）四月十七日、徳川家康はこの世を去った。

六年後の元和八年八月二十七日、幕府は信州松代《まつしろ》（当時は松城《まつしろ》と表記〈現・長野県長野市〉）藩主・酒井忠勝《ただかつ》（〝四天王〟の一・忠次《ただつぐ》の孫）に三万八千石の加増を行い、出羽鶴岡《つるおか》（現・山形県鶴岡市）へ十三万八千石の大名として移封。その跡へ、信之に一万五千石の加増を沙汰して、十三万石の大名としたうえで栄転させた。

その彼が隠居願いを出すのは、なんと明暦《めいれき》二年（一六五六）＝九十一歳のときのことであった。

信之は幕閣と相談し、真田家十三万石を松代と、父・昌幸以来の沼田に分け、次男の信政《のぶまさ》に松代藩主を譲り、沼田（三万石）を信利《のぶとし》（すでに死去していた信之の嫡子・信吉《のぶよし》の子）に与えた。

この時点で、信政は松代領内に一万七千石を分知され、大名に列せられていたのだが、寛永十一年（一六三四）に兄で沼田藩主の信吉が死去。その子・熊之助（甥）を後見したが、四年後に早世し、信政が沼田城主となった経緯があった。

隠居した信之は「一当斎《いっとうさい》」と号し、柴村《しばむら》城（現・長野市松代町）に引き籠った。ときに、信之は九十三歳。

ところが、二年前に家督を継いだ信政が、この年の二月五日に病没してしまう。

常に思うことだが、人間の寿命だけは、思うに任すことができない。

「もしも死なずに、この人がいてくれたならば――」

人は誰しも、叡智をしぼって、組織永続を願う。

が、それを託する人の寿命だけは、思い通りにはならなかった。

こういった歴史の場面の、何と多いことか。

真田家も、この歴史の無情の例外ではなかった。

まさかのお家騒動を裁く

信政の継嗣《けいし》が幸道《ゆきみち》(信政の五男か、六男)であり、この年、わずかに二歳であった。

ここで、想定していなかったお家騒動が勃発する。

信利が、二歳の幸道の家督相続に異を唱え、幕府に訴え出たのだ。

この争い、二歳の幼君に比べて、信利は二十二歳と年齢的に有利。しかも信利の母は老中・酒井忠世《ただよ》の娘で、当時、幕閣で羽振りをきかせ、〝下馬《げば》将軍〟との異名をとっていた老中・酒井忠清《ただきよ》の叔母でもあった。

家督相続は、真田家の存亡に関わる大騒動となったが、これを収められるのは、一人、隠居していた信之だけであったろう。

当初、彼は自らの旗幟《きし》を鮮明にせず、幕閣の意向を探りながら、情報を集めて分析、やがて幸道を支持する。藩士五百余人から誓詞血判を取り、執拗に信利へ肩入れする忠清を諦めさせるべく手を回し、表沙汰には一切せず、全てを裏で、お家騒動を解決してみせた。

信之の頭脳は、まったく老いていなかった。

万治《まんじ》元年（一六五八）十月十七日に、彼は死去する。享年は、九十三であった。

なお、信之の裁定が正しかったことが、のちに明らかとなる。

松代藩の相続を望んだが果たせなかった野心家の信利は、なんとか本家を凌駕《りょうが》しようと躍起になり、ついには検地を水増しして査定し、わが領内は十四万四千石である、といいだした。

当時、沼田藩は表高《おもてだか》三万石に対して、実高が六万石あった。普通に統治すれば、豊かな領土であったものを、信利は石高の根拠のない水増しを主張して、十四万四千石を認めさせ、実高の六万石をそっくり、己れのものにしようとした。

そもそも、成り立つ話ではなかった。苛斂誅求《かれんちゅうきゅう》で、本家を凌《しの》ぐ豊かな生活をはじめたこの殿様を、自死する際《きわ》まで追い詰められた領民は、黙ってそれ以上の忍耐はしなかった。幕府へ直訴した名主たちは死罪となったが、信利のいかさまにも裁定は下った。

この二年後、沼田はもとの六万石に戻った。

ところがどうしたことか、信利は処罰されていない。

〝下馬将軍〟と異名をとり、将軍家以上の権力を握って〝大老〟となっていた酒井忠清が、信利を庇《かば》ったからだ。忠清は四代将軍・家綱《いえつな》の死後、皇族の有栖川宮《ありすがわのみや》を将軍に迎え、自らは鎌倉幕府の執権北条氏になろうとした人物である。

だが、若手老中の堀田正俊《まさとし》らにその野望を阻まれ、延宝《えんぽう》八年（一六八〇）には大老職を退かされ、翌年には急死している。

忠清が失脚すれば、信利の行く末はみえていた。

天和《てんな》（てんわ、とも）元年（一六八一）十一月、施政の不正を理由に信利は改易され、山形の奥平昌章《おくだいらまさあきら》の許《もと》に預けられることとなった。

もし、この人物が松代藩主になっていれば、松代藩真田家は間違いなく、改易の憂きめにあっていただろう。やはり、信之の人を見る目はさすがであった。

真田家の直系血脈は、残念ながら途中で絶え、養子が跡を継ぐこととなったが、それでも真田氏そのものは明治まで存続し、幕末には老中も出していた。
人物の評価は、派手であることよりも、その実を問うべきであろう。

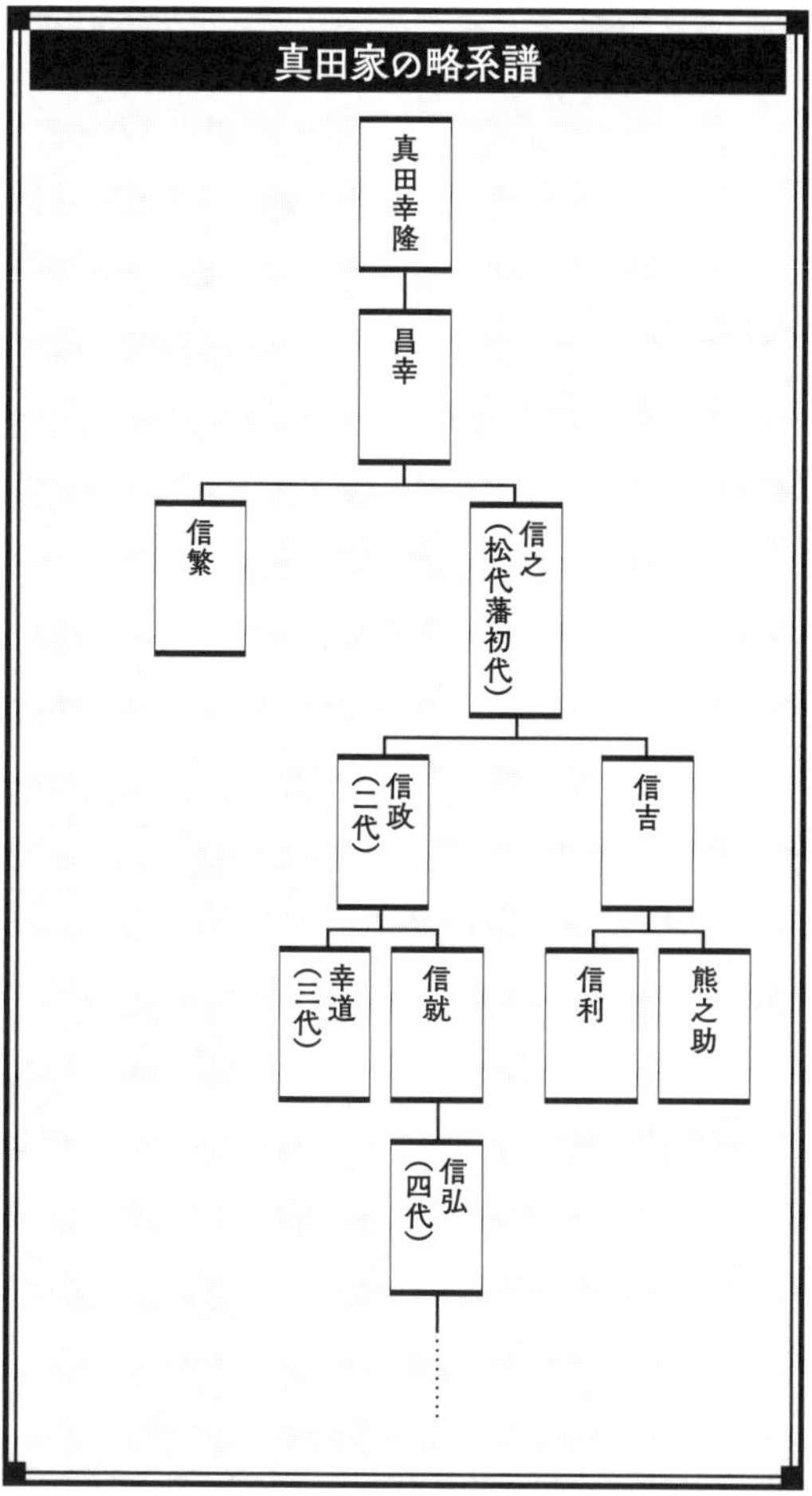

第四章

〝強い思い〟の曲直是非

覇王信長を育てた父
織田信秀の失敗

信長を育んだ家

「三つ子の魂百まで――」

という。幼少期に育まれた戦国の覇王・織田信長《おだのぶなが》の性格は、その生涯を決定づけたといってよく、その意味で父・信秀《のぶひで》の存在は極めて大きなものがあった。

「備後殿《びんごどの》（信秀）は、とりわけ器用《きよう》の仁《じん》にて諸家中の能《よ》き者《もの》とも御知音《ごちいん》なされ」と『信長公記《しんちょうこうき》』にある。この時代、人を評するのに「器用」という言葉が使われた。

この単語は本来、華やいで実《じつ》がともない、さらには清潔だ、との語感を纏《まと》っていた。

危機の時代のリーダーにすべく信長を教育した織田信秀。
ここに、天下布武目前で部下に討たれる覇王が出現した

換言すれば、織田信秀は紛れもない一廉《ひとかど》の人物であり、武将として立派だった、ということになる。

永正《えいしょう》八年（一五一一）、彼は尾張国下四郡《おわりしもよんぐん》（海東《かいとう》・海西《かいさい》・愛知《あいち》・知多《ちた》）を支配する、清洲《きよす》（清須）織田氏の傍流・織田弾正忠《だんじょうのじょう》（だんじょうのちゅう、とも）家＝信定《のぶさだ》の嗣子《しし》として生まれていた。尾張の守護は斯波《しば》氏であり、守護代の織田氏がいつしか二つに分かれる。信秀の家は、その一方のさらなる三奉行の一つでしかなかった。

ただ信秀の父・信定（信長の祖父）は、清洲三奉行の一人でありながら、尾張の海部郡《あま》勝幡《しょばた》（現・愛知県稲沢《いなざわ》市から愛西《あいさい》市にまたがる一帯）を領有し、伊勢湾《いせわん》交易の要衝＝津島《つしま》（現・愛知県津島市）を押える資産家として知られていた。

この家は経済、算術、貿易実務に詳しかった。

長じた信秀は、家の財力をフルに活用して、名声を博す。尾張の〝触《ふ》れ頭《がしら》〟として、ついには己《おの》れの主家の尾張守護代《しゅごだい》をも圧倒する力を持つようになった。

〝触れ頭〟とは、主君ではないが人望があり、合戦のおりにこの人に付き従えば、かならず勝てる、生きて帰ってこられると、信じられる人望のある人物のことを指した。

信秀は企業内のポストでいえば、せいぜいが秘書課長クラスであったが、合戦となると

■尾張国と織田信秀の領有地

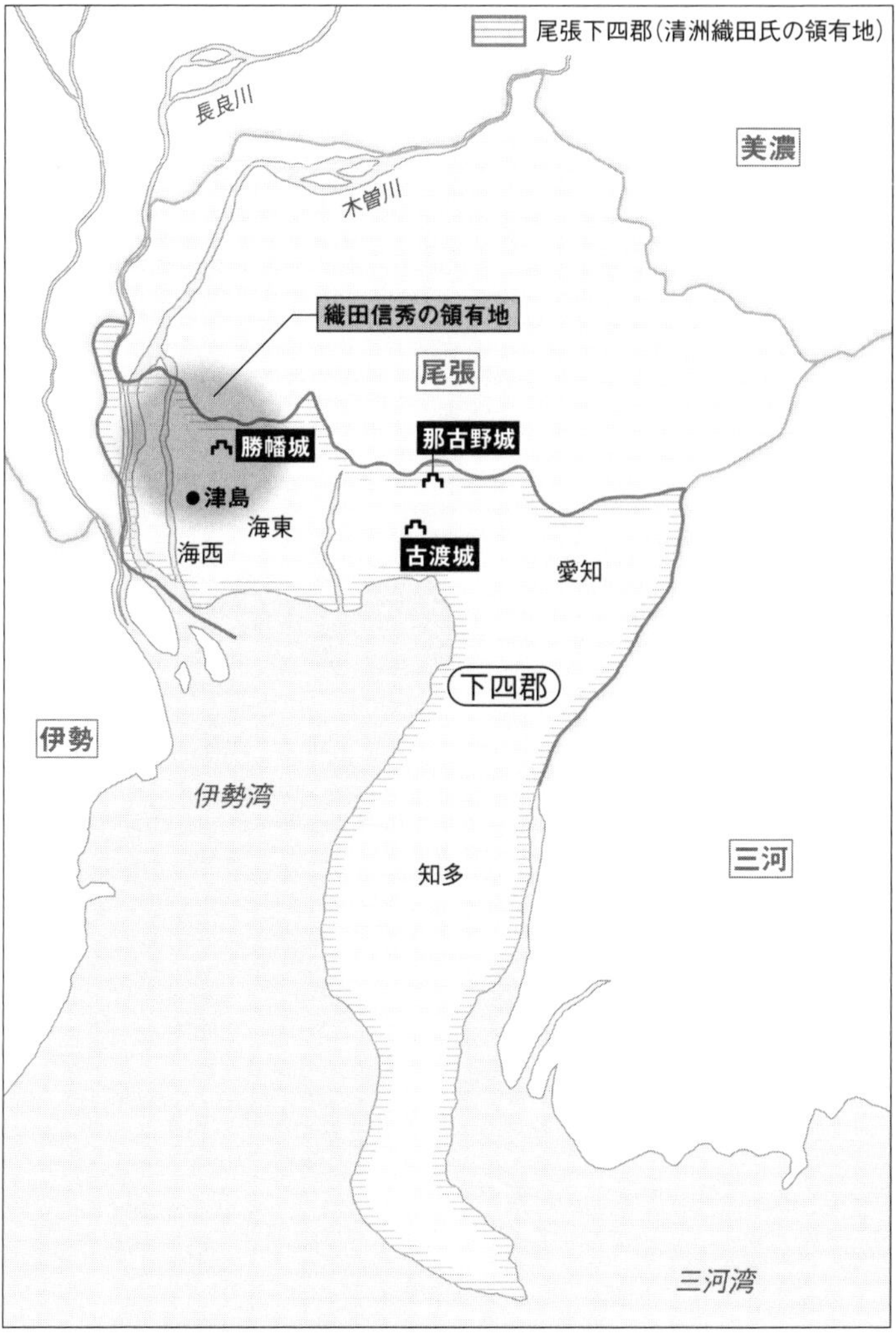

巧知に長《た》け、味方の損傷も少なく、勝利をものにすることに定評があった。

と同時に、己れの成長を期して、視野を広げる努力も日々、懸命に行っていた。

信長が生まれる前年の天文《てんぶん》（てんもん、とも）二年（一五三三）には、信秀は蹴鞠《けまり》と歌道、礼法を伝授してもらうため、京都から公卿の飛鳥井雅綱《あすかいまさつな》、有職故実《ゆうそくこじつ》家の山科言継《やましなときつぐ》を、わざわざ尾張に招いている。

けっこうな経費がかかったが、信秀は自らのこれから先のことを考え、一方で上方《かみがた》や京洛の情勢を、こういう形で探っていた。ときに彼は、二十三歳。

財力もさりながら、信秀の凄味《すごみ》はその〝大局観〟（先見性）にあった。

戦国乱世の正体＝〝下剋上《げこくじょう》〟の潮流を、この人物は読む能力、的確に対処する行動力、己れの織田家を拡張させる具体的な構想力をも、備えもっていた。

のみならず、稀有《けう》ともいうべき軍事・謀略の才にも恵まれ、人心掌握にも長けている。

室町体制の埒外《らちがい》である「一味《いちみ》」――用水や境界線の山林伐採、一揆のことなどを、集まって話し合う横のつながりに、信秀は注目していた。これまた一味の〝触れ頭〟に自らを仕立てて、領内底辺の兵力を率い、国境を侵《おか》し、隣国三河《みかわ》（現・愛知県東部）や美濃《みの》（現・岐阜県南部）へ攻め込んだ。

天文三年五月十二日、信秀は嫡子（第三子）吉法師《きっぽうし》＝信長が、居城の勝幡（現・愛知県稲沢市）に生まれると、那古野《なごや》（現・名古屋市中区本丸）に城を新築してこれに移し（異説もある）、自身は新たに古渡《ふるわたり》（現・名古屋市中区古渡町）へ築城して、翌年に移ってている。なぜ、わが子と城をわざわざ別にしたのか。

信秀は、吉法師が理屈なしに、わが父を敬慕するように仕向けるべく、このようなことをしたのではあるまいか。息子に、よき父のみを見せたかったのではないか。

――いい替えれば、信秀は己れの自儘《じまま》を、信長に見られることを恐れたのである。

ゆえに、吉法師と会うおりには、前もって約束をとりつけ、その日、その時はつとめて名将らしい嗜《たしな》みを見せるべく、努めて演出を施し、立派な父を振る舞った。

〝危機の時代〟を乗り切るには

信秀の非凡さは、己れの代を〝不安の時代〟、次の吉法師の世を〝危機の時代〟と看破、峻別《しゅんべつ》して、わが子を教育したところにも如実であった。

〝不安〟は心の問題であり、努力すれば消し去ることもできる。しかし〝危機〟は、具体的に目の前に向かって来た。

尋常一様では、この〝危機の時代〟は乗り切れない。克服するためには、並はずれた精神力と体力を持つしかなかった。

織田家を飛躍・発展させるか、さもなくば衰退・滅亡させるか、次代の吉法師が担っていることを、先行きの読める信秀は見通したうえで、わが子の性格を慮《おもんぱか》り、その教育にあたった。

多くの守護・守護代、それに代りうる実力者の武士の家では、次期当主となる子供にしかるべき高名な公家や学問僧などを、可能なかぎり呼び集めて、懸命に英才教育を施した。儒学と仏教と歌学、室町の武家貴族で流行した「連歌《れんが》」と中国の古典教養——それらを次から次へと暗記させ、かたわら脆弱《ぜいじゃく》とならないように、弓馬術の武芸にも精を出させている。刀槍《とうそう》の術も。

それが当時の「帝王学」であり、信長の宿敵となる武田信玄《たけだしんげん》や上杉謙信《うえすぎけんしん》、朝倉義景《あさくらよしかげ》などは、こうした教育を徹底してうけていた。

けれども信秀は、自らも身につけたこうした「帝王学」を、真っ向からわが子のため、否定する。

なぜか、教養を詰め込むこと、記憶・暗記することだと勘違いしているのは、今も昔も変わらない。

だが、矢継ぎ早に知識を詰め込まれては、自発的な思考情操を養う暇《いとま》がなくなってしまう。自分の頭で考える、という基本が育たない。なぜ、そうなるのか？　どうすればいいのか？　自分ならば……？　信秀はそのことを痛感していたようだ。

その証拠に彼は、わが子・信長が学びたい、と本人が自発的に申し出たものだけを、やらせている。それも全国規模で師となる人物を捜し、そのスペシャリストに各々の専門教育を託した。馬、弓、鉄砲――。

筆者《わたし》は信秀の教育の背景に、南北朝以来、日本が育んできた「バサラ」の精神があった、と思っている。「バサラ」とは十二神将の伐折羅《ばさら》大将からきた語句だが、一言でいえば、不条理に対する抵抗と怒り、その打破の精神となろうか。

もう一歩進めれば、何ものにもとらわれない自由な心。傍目《はため》には無法、乱暴との語感を超えた、「物狂い」の沙汰としか見えない場合も少なくなかった。

信秀という人のおかしさは、自分は平衡《バランス》感覚に富んだ常識人であったにもかかわらず、後継者を己れと同一の鋳型《いがた》にはめようとしなかった点にあった。信長には生涯、劣等感が片鱗《へんりん》もなかったのは、こうした父親の教育の賜《たまもの》であったといえよう。

ところが信秀は、最後になすべき自らの作業＝信長に念を押すことをせず、四十一歳という若さで、この世を去ってしまった。

父のいうことだけは、真剣に聞いたであろうわが息子に、劣等感のない人物が陥る欠点――すべての物事を自分中心に考え、各々の人間がもつ劣等感に対する配慮を欠く――、を教えてしかるべきであったのに、豪快な武将像を自ら演じつづけた信秀は、自らの体力を過信して、あまりに早い予想外の最期を迎えてしまった。

十八歳で唯一の師ともいうべき父を失った信長は、「バサラ」の精神を全身で発揮して、戦国乱世に〝天下布武〟を成そうとしたが、残念、四十九歳で本能寺の変を迎えることになってしまう。

他人の弱《よわ》み、劣等感に向き合う方法を、信長は信秀に学んでいなかった。

責任は信長本人よりも、筆者には父・信秀にこそあるように思われてならない。

自らの健康を気づかうことも、大局観を構成する要因だ、と筆者は思う。

キリシタン王国を夢見て、信頼を失った　大友宗麟

絶好調な時ほど——

難問がわが身にふりかかっている時、必死の忍耐力を発揮し、懸命に立ち向かい、奇蹟のような業績をあげ、見事に「死地」を掻《か》い潜《くぐ》りながら、大難が解決したあと、急に色彩のなくなる人物というのが、歴史の世界には結構いる。

揃《そろ》って優秀でありながら、ピンチが去ると人変わりしたようになってしまう人々。

戦国時代、九州の豊後《ぶんご》（現・大分県の大半）を中心に、近隣に君臨し、もう少しで全九州を制覇したであろう、とされる武将＝大友宗麟《そうりん》（諱《いみな》は義鎮《よししげ》）もそうした一人であった。

彼の大友家は鎌倉時代からの名門で、宗麟まで約四百年の伝統をもった家柄で、下剋上の戦国の世の真っ只中、二十一代当主の宗麟の代で、大友家はその最盛期を迎えた。豊前《ぶぜん》（現・福岡県東部と大分県北部）、豊後、筑前《ちくぜん》（現・福岡県北西部）、筑後《ちくご》（現・福岡県南西部）、肥前《ひぜん》（現・佐賀県と長崎県の大半）、肥後《ひご》（現・熊本県）の六ヵ国を支配下に置いた彼は、〝鎮西《ちんぜい》一の覇王《はおう》〟と呼ばれた。

のみならず、宗麟は個人としても天下人と成り得る器をもちながら、後半生は一転、一《いち》キリシタン大名として、矮小化《わいしょうか》されて伝えられることになってしまう。

史実の宗麟は人生の前半、惚《ほ》れ惚《ぼ》れするような戦国大名であった。

父・義鑑《よしあき》から、半ば実力で奪いとるかたちで「守護」の大名家を継いだ宗麟は、まず立ちはだかった周防《すおう》山口（現・山口県山口市）を本拠とする、この時期、しきりに九州侵攻を仕掛けてきた大内義隆《おおうちよしたか》と対峙した。

大内氏は中国地方に巨大な領地を持ち、さらには対外貿易によって得た巨万の富で、筑前、豊前を侵し、七ヵ国をも実質領有化することに成功していた。

宗麟の母は大内家の女《ひと》であったが、宗麟は厳しい大内の攻勢を、九州での勢力増大で補いつつ、外交もからめて忍耐強く対処する。

天下人と成り得る器をもちながら、
後世は一キリシタン大名として矮小化されて伝えられることになった大友宗麟

その義隆が、叛臣《はんしん》・陶晴賢《すえはるかた》に取ってかわられた。晴賢は己れの手にした中国地方を統治する必要から、宗麟との間に不可侵条約を締結する。

宗麟の弟・晴英《はるひで》を、晴賢が傀儡《かいらい》として、大内氏の名跡を継がせたことにより、双方は同盟関係に。天文二十一年（一五五二）三月、晴英は大内義長《よしなが》と名乗り、山口へ迎えられる。

宗麟は東からの脅威を避け得たことから、九州平定に邁進した。

ところが盟友の晴賢が、弘治《こうじ》元年（一五五五）秋、臣下ともいうべき毛利元就《もうりもとなり》に、安芸《あき》（現・広島県西部）の厳島《いつくしま》（現・広島県廿日市市《はつかいちし》）で討たれ、翌年には、宗麟の弟・義長が、長府（現・山口県下関市）の長福寺《ちょうふくじ》（現・功山寺《こうざんじ》）で自害して果てるという、一大事変が勃発する。

この陶対毛利の戦いの前、元就は宗麟と密約を交わし、局外中立を保ってくれれば、九州には手出しはしない、と約定を結んでいた。けれども、厳島の戦いで晴賢を討ち、瞬く間に中国地方を制すると、元就は約束を反故《ほご》にして、九州へ攻め込んで来る。

大友と毛利の緊張関係は、しばらくつづいた。

宗麟にとっては、元就は義隆に比べて、はるかに手強い相手であった。

宗麟は急遽《きゅうきょ》、勇猛にして節操ある麾下《きか》の名将、戸次鑑連《べっきあきつら》（道雪《どうせつ》・のち立花《たちばな》姓を賜る）ら

■天正3年頃の大友宗麟の領地

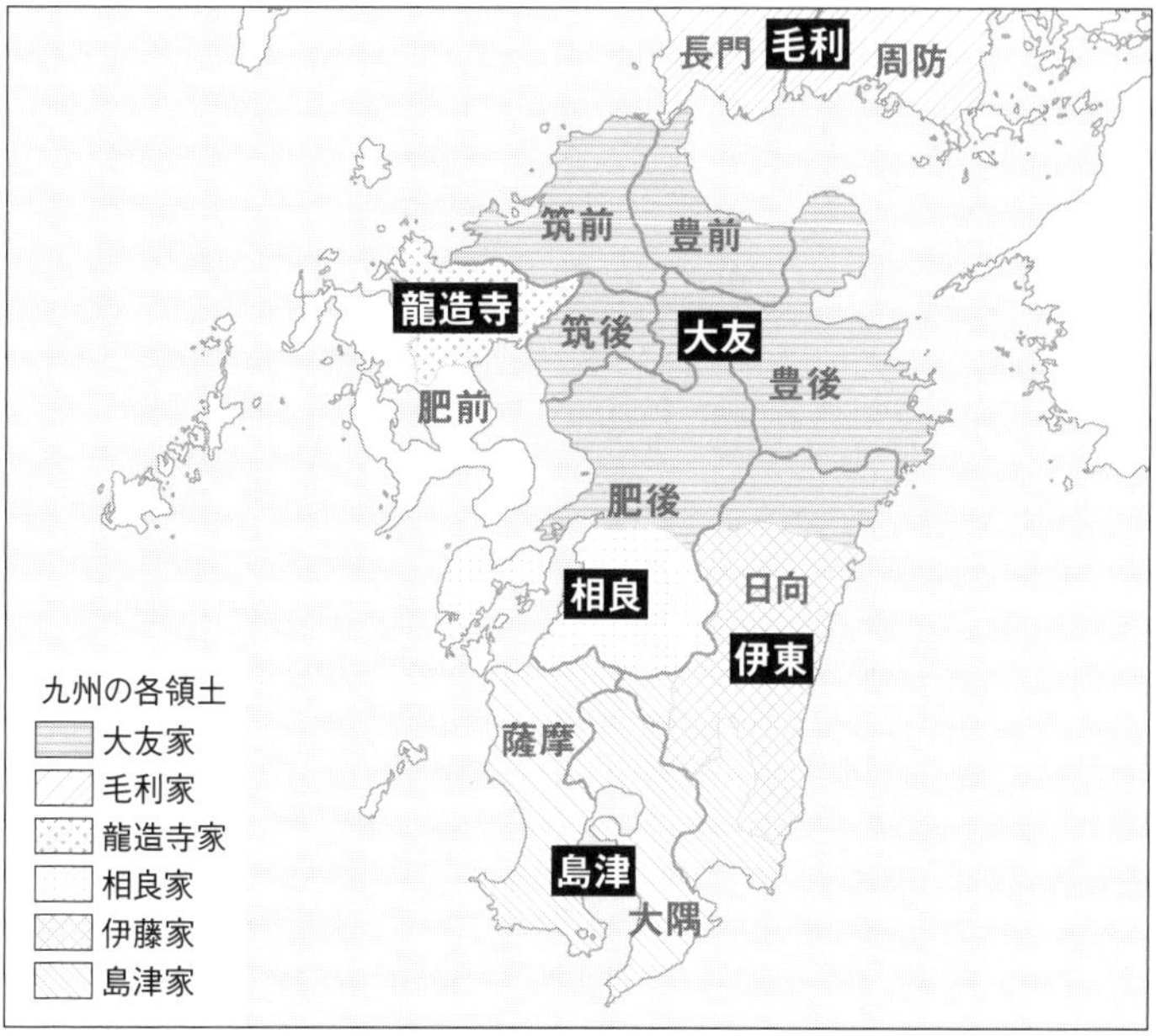

を筑前に派遣し、他方、自らは一万二千の兵を率いて、豊前に出陣した。

が、皮肉なことながら、毛利氏の攻勢に対処を強《し》いられた宗麟は、そのためもあり北部九州の支配を急ぎ、豊前、筑前、筑後の守護職を、新たに獲得するにいたった。

併せて、九州支配者の大義名分とて、「九州探題《たんだい》」の肩書きを室町幕府から手に入れた宗麟は、前後して長子の義《よし》統《むね》（のち一時、吉統《よしむね》を称す）も儲《もう》けた。

八面六臂《はちめんろっぴ》の活躍がつづく大友軍であったが、大友氏の本拠地・豊後は、中国地方と九州を一つの地図で見ると、ちょうど真ん中に位置していたことが知れる。

そのため、常に周囲を敵に窺《うかが》われた。

〝肥前の熊〟こと、佐嘉《さが》(現・佐賀県佐賀市)の龍造寺隆信《りゅうぞうじたかのぶ》が西に勢威を増大し、東の毛利氏と結んで宗麟と敵対してきたおりも、宗麟は尼子《あまご》氏の旧臣・山中鹿介《やまなかしかのすけ》や、大内家の遺族・輝弘《てるひろ》らと協力し、毛利氏の小早川隆景《こばやかわたかかげ》ら九州遠征軍の先鋒を、撤退させることに成功している。

そして元亀《げんき》二年(一五七一)六月、宿敵・毛利元就が七十五歳で病没した。

それは同時に、宗麟にとって全盛期出現を意味したのだが、後世からふりかえると、ここで一安心したのが、宗麟の取りかえしのつかない失敗となる。

元就の死によって、毛利氏は九州への攻勢を控え、宗麟は自らが願えば、今度こそ全九州を制覇できる機会を得たのだが、彼の関心は博多での貿易と、自領が豊かになる方向に向き、その方向性の一つが、七年後、彼をしてキリシタンの洗礼を受けさせ、教名《きょうみょう》をドン・フランシスコと称させることとなる。

人生の方向転換はよくあること

宗麟はこれまでの己れの成功に満足し、対毛利戦の軍備のために蓄えてきたものを、教会事業に注《つ》ぎ込む。

その気になれば、上洛も夢ではなかった局面だけに、心の平穏を得るべく、信念をもっての宗麟の行動であったが、一面、突飛《とっぴ》にしかみえない改宗行動は、一方において薩摩《さつま》(現・鹿児島県西部)・大隅《おおすみ》(現・鹿児島県東部)の二州を統一した島津《しまづ》氏が、自らの領国支配の体制を固め、日向《ひゅうが》(現・宮崎県)へ進攻を開始する時間を、与えることにつながってしまった。

父のキリシタン傾倒で、島津氏の北進が憂慮されるなか、大友の新当主となった義統は、大国大友の威力を背景に、同盟関係にあった日向の伊東義祐《よしすけ》の救援要請を受け、六万の軍勢を日向に発する。

――このあたりで大友氏の、退勢を挽回しなければならない。

義統や大友の重臣たちにも、そうした思いは強かったはずだ。

大友軍の勢威は凄《すさ》まじく、日向の島津方の十七城は瞬時にして降伏している。

ところが、戦勝の報に接した隠居の宗麟が、妻子や宣教師を伴って、海路、日向に出むくといい出す。問題はこのおり、軍船に十字架の旗を掲げ、家臣たちには数珠《じゅず》と影像《えいぞう》を奉じさせたことにあった。

大友軍の将兵は、一気に士気を低下させ、あげく、島津軍の、日向侵攻最後の拠点・高《たか》城《じょう》（現・宮崎県木城町）の攻略に失敗することに。考えられない、常勝大友氏の敗戦であった。

さらに、運命の決戦＝耳川《みみかわ》（現・宮崎県木城《きじょう》町〈小丸川〉）の合戦でも、大友軍は四千とも二万ともいわれるほどの戦死者を出し、宗麟にとってはおそらく、生涯最初にして最後の大敗北を喫してしまう。

多くの大友家を支えてきた名将・智将たちが戦死した。

これまで大友氏に服してきた国人たちは、キリシタンへの素朴な反抗心もあって、多くが戦線を離脱し、反大友勢力への荷担《かたん》に舵を切る。

わずかな期間に内外に敵を受けて、絶望の淵に沈む大友家にあって、ようやく宗麟はかつての〝切れ者〟に戻ったのか、周囲が考えつかなかった奇手に打って出る。

おりから全国平定に王手をかけていた、羽柴《はしば》（のち豊臣《とよとみ》）秀吉《ひでよし》に直訴して、その救援を要請したのである。

やがて秀吉の九州征伐がおこなわれ、急激に膨張して、途中、龍造寺隆信をも敗死させ、ほぼ全九州を制覇しつつあった島津氏は、秀吉軍と戦ってはみたものの、兵力が違いすぎた。ついにはその軍門に降《くだ》り、大友義統は豊後一国を秀吉から安堵される。

宗麟はそれを見届けたかのように、天正《てんしょう》十五年（一五八七）五月二十三日、息を引きとった。享年は五十八であった。

なお、その数年後、大友家の当主・義統は改易《かいえき》されるが、史実のうえでは宗麟の死とともに、名門大友氏は、すでに燃え尽きていたといえなくもない。

もしもあの時――元就の死によって一服することなく、軍備の整っていない島津氏を制圧していたならば、大友氏の未来は大きく変わったに違いないが、宗麟の方向転換を、むやみに責めることはできない。

人はいつも心変わりし、自己の目的を変えるものだ。

終始一貫した志を持ちつづけることのほうが、尋常とはいえないに違いない。

実に、難しいところである。

失敗を失敗で終わらせなかった島津義弘

敗戦の中、取り残される

日本の戦国時代を通して、合戦に〝玄人《くろうと》〟というものがあるならば、まさに島津義弘《よしひろ》こそはその代表といえるかもしれない。

天文四年（一五三五）七月に生まれた義弘は、父・島津貴久《たかひさ》の南九州――薩摩・大隅・日向南部――の領国化の中で成長し、戦乱の中で成人した。

二十歳の時、大隅合戦の激戦地・岩剣城《いわつるぎじょう》（現・鹿児島県始良《あいら》市平松）の戦いで華々しい初陣を飾った義弘は、三十二歳頃からは島津家全軍の大将として、国内外の戦に出陣する

島津義弘は関ヶ原の戦いで、わずか1500の兵で家康の本陣前に迫った。
これは、その後の薩摩藩の在り方を決する決死の作戦であった

ことになる。

そして天正六年（一五七八）十一月――九州の覇者・大友宗麟の大軍を日向高城河原に迎え撃った義弘は、とても勝てないといわれた大友軍を相手に、小よく大を制す戦術で、見事に大敵を粉砕している。のちに高城合戦、耳川の戦いと呼ばれるものであった。

つづいて義弘は、肥後南部の相良義陽《さがらよしひ》を降参させ、肥前の龍造寺隆信を討ち、獅子奮迅《ししふんじん》の勢いで全九州を席巻する。

残る拠点は二つ――大友宗麟の臼杵丹生島城《うすきにゅうじま》（現・大分県臼杵市）と、その家臣である立花宗茂《たちばなむねしげ》の籠城する立花山城（現・福岡市東区、福岡県新宮町及び久山町）のみ。

ところが、この全九州統一を目前とした重大な局面で、豊臣秀吉が現れる。

島津軍二万は、豊臣軍の先鋒・豊臣秀長《ひでなが》（秀吉の弟）に根白坂《ねじろざか》（現・宮崎県木城町）で果敢に戦いを挑んだが、敵は総勢二十万。義弘は降参を余儀なくされる。

天下統一を急ぐ秀吉は、島津氏の旧領をほぼ認めたうえで、島津家を許す。

それはそれで大いによかったのだが、筆者はこのあたりから、義弘とその兄で島津家の当主である義久《よしひさ》との間に、確執が生じたのではないか、と考えてきた。

豊臣政権を受け入れて、その配下の大名として島津家を生き残らせようと考える弟の姿は、独自の覇権を志してきた兄に、ある種の疑念を抱かせたかもしれない。

「わが島津より、豊臣を選んだのではないか」

と。そうした中で行われたのが、秀吉の第一次朝鮮出兵であった。

一万五千の動員命令を受けた島津家では、義弘が兄に代って渡海した。

慶長《けいちょう》三年（一五九八）九月の泗川《しせん》の戦いでは、明《みん》と朝鮮あわせて二十万の大軍勢を、義弘はわずか一万足らずで迎撃。実に三万八千七百十七人の敵兵を討ち取って、その凄まじい武名を天下に轟《とどろ》かせている。

つづく第二次朝鮮出兵のおりも、秀吉の死で終止符《ピリオド》を打った戦争を終わらせ、十数万の日本軍が、無事に祖国へ帰りつけたのは、義弘の沈着豪胆な采配によるところが大きかった。

にもかかわらず、帰国後の島津家は、文禄《ぶんろく》四年（一五九五）に隠居した兄・義久と義弘の間がうまくいかない。原因は徒労と浪費に終わった朝鮮出兵による、島津家の財政悪化であった。

この処理に忙殺され、慶長五年四月になってようやく、再度上方に上《のぼ》った義弘は、徳川《とくがわ》家康《いえやす》率いる東軍と石田三成《いしだみつなり》を主将とする西軍の駆け引きの間で、翻弄されることとなる。

義弘は戦巧者である。情報量は少なくとも、徳川家康率いる東軍が勝つ、と読んだ。

そこが義弘は、東軍に味方すべく、伏見城《ふしみ》（現・京都市伏見区）への入城を決めた。

けれども、留守居役《るすいやく》を家康から託された徳川家の部将・鳥居元忠《とりいもとただ》が、義弘の入城を拒絶、中立のあり得ない局面の中、島津勢は西軍についたものの、歴々の軍功を積んできた義弘への西軍の扱いは、腹立たしいほどに軽々しいものであった。

――理由は、はっきりしていた。

義弘の島津勢が、わずかに千五百しかいなかったからだ。

東西の決戦が迫る中、義弘は懸命に増兵を国許《くにもと》に要請するのだが、中央の情勢に疎《うと》い国許からは、増兵がまったく来ない。島津家の再建は、それどころではないというのだ。

もしこの時、五千の兵力が義弘の手中にあれば、関ヶ原の結末は逆転し、その後の歴史は大きく変わったに相違なかった。しかし、千五百しか兵を持たない義弘は、西軍を勝たせるべく夜戦＝奇襲戦を進言したものの、三成に却下されてしまう。

関ヶ原の戦いの当日、義弘は自らの兵力を温存し、勝利のための最後のダメ押しに、自らの将兵を用いる戦術を立てていた。

戦局は西軍が押している。東軍が崩れるのも、あとわずか……。

西軍が勝つはずであったこの会戦は、終盤となって西軍の小早川秀秋《こばやかわひであき》の裏切りにより、一転して東軍の勝利と決してしまう。

「道は前方のみ――」

島津勢は終始、兵を動かしていない。

義弘は崩壊した西軍への腹立たしい思いを抑えながら、瞬時にして決断する。

わずか千五百をもって前進し、家康の本陣前に迫って、それから軍勢を直角に横切らせ、伊勢街道に出て、堺へ向かい、薩摩へ戻るという、実に奇抜な方針であった。

九州の内戦以来、朝鮮での外戦も含め、歴戦で胆の据わっていた島津将兵も、この作戦にはさすがに顔色を変えた。なにしろ前方には、敵が溢《あふ》れている。

そこを真っすぐ突いて、それから横切って逃走するというのは、どのように考えても無駄な戦い方であり、自殺行為のようにも思われた。

後方《こうほう》の近江《おうみ》(現・滋賀県)へ退却してはいかがですか、とのまともな具申《ぐしん》もなされたが、義弘は一考することもなく、これを撥《は》ねつける。

「道《みち》は前方《ぜんぽう》のみ――」

なぜ、彼ほどの名将が、このような無謀な決断を下したのか。

関ヶ原で勝利した家康は、後日、改めて必ず島津征伐の軍勢をおこすだろう。

ひと度、出陣となれば秀吉の九州征伐同様、いかに武で鳴る島津家でも、日本中の武士を相手にしては、最終的勝利は難しい。できることならば、その出兵を躊躇《ちゅうちょ》させ、外交の力だけでかたをつけたい、合戦には持ち込みたくない、と家康が思い定めるには、ここで島津兵の強さを今一度、徹底して知らしめておく必要があった。

千五百の将兵が鬼羅刹《おにらせつ》と化して徹底して戦い、次々と戦死すれば、国許にまだ五万の武士を擁する島津家に、たとえ家康とて無闇《むやみ》には討ちかかってはこれまい。

まさに、〝死中《しちゅう》に活《かつ》〟の決断を、義弘はしたのであった。

関ヶ原を横断した時点で、千五百の軍勢はわずか二百余に激減していた。

しかし、執拗《しつよう》にくいさがる決死の「島津の胡座陣《こざじん》」（必死の殿軍《しんがり》）に阻まれた東軍――とりわけ徳川勢では、家康の四男・松平忠吉《まつだいらただよし》、徳川四天王の一《いつ》・井伊直政《いいなおまさ》が負傷（二人はこれが原因でその後、病没）するなど、甚大な被害を出していた。

関ヶ原はすでに、決着がついている。今さらになって、傷口をひろげても……。

ついに家康は、追撃中止を命じた。

島津家は戦後、外交の働きかけをする一方で、しばらくの間は武装をとかなかった。結果、関ヶ原の直後に大坂城を出た、西軍の総大将・毛利輝元《てるもと》の所領が大きく削られたのに比べて、島津氏は自領をほぼ従前どおり、保持することに成功する。

関ヶ原では敗け組に属したものの、島津は別格――そのことを主張し、家康に認めさせた悲運の名将・島津義弘は、元和《げんな》五年（一六一九）七月二十一日、この世を去った。

享年は八十五である。戦国の世では間違いなく、長生きであったといえよう。

彼の命じた敵中突破の決断は、その後も徳川幕藩体制の中に薩摩藩として組み込まれた島津家の人々の中に語り継がれ、ついには明治維新の起爆剤の一つにまでなった、と高く評価されている。

義弘は関ヶ原の敗戦を逆転させた、稀代の名将といえよう。

アルプス越えの闘将
佐々成政の判断ミス

目前の勝利にだけ拘《こだわ》った武将

戦国武将・佐々成政《さっさなりまさ》は、尾張の春日井《かすがい》郡比良《ひら》城（現・名古屋市西区比良）の城主・佐々成宗《なりむね》（盛政《もりまさ》）の子として生まれていた。内蔵助《くらのすけ》の通称で知られている。

主君・織田信長の栄達に従い、成政の官位は陸奥守《むつのかみ》、侍従《じじゅう》ともなった。

誕生年には天文三年（一五三四）、同五年、同八年など諸説があるが、『系図纂要《けいずさんよう》』や『佐々伝記』の没年が五十三歳としているため、逆算して天文五年を採る研究者が多い。

とにかく合戦の、前線の指揮官として、切り込み隊長としての成政は、理想的な武人で

越前の柴田勝家、加賀の佐久間盛政、能登の前田利家と共に、越中を任された佐々成政。
信長による上杉景勝包囲を担った武将でもあった

あった。信長も、その点をよくみていた。

永禄《えいろく》十年（一五六七）八月に、美濃の稲葉山《いなばやま》城（現・岐阜県岐阜市金華山）を「岐阜城」と改称したおり、成政は信長親衛隊の黒母衣《くろほろ》衆の筆頭となっている。

ある種、織田家での最強を認められたに等しい。ちなみに、成政の生涯の好敵手《ライバル》となる前田利家《まえだとしいえ》は、この頃、赤母衣《あかほろ》衆の筆頭となっていた。思えばこの二人、性格もよく似ており、それゆえ互いを意識しすぎて、必要以上に敵対視していたように思われる。

元亀元年（一五七〇）四月の朝倉攻めに際しては、成政は織田軍の先陣をつとめ、彼の率いた鉄砲隊が天筒山《てづつやま》（手筒山）城（現・福井県敦賀《つるが》市）において、大活躍を演じている。

同年六月の姉川《あねがわ》の戦いでは、敵将・上坂源五《かみさかげんご》の首をあげ、大手柄としていた。

九月、大坂本願寺との一戦でも、成政は一番槍の功名をあげている。

天正元年（一五七三）八月、逃げる朝倉義景の軍勢を追って、織田軍が激闘をくり広げた刀禰《とね》坂《ざか》の戦いでは、成政ら先陣の活躍もあり、織田軍は朝倉軍を撃破。一乗谷《いちじょうだに》（現・福井県福井市）まで義景を追い詰め、重臣・朝倉景鏡《かげあきら》を頼った義景は裏切られ、ついには大野の賢松寺で自刃し、果てている。

領土を拡大する織田家にあって、成政は柴田勝家《しばたかついえ》率いる織田家最強の、北陸方面軍の中で〝府中《ふちゅう》三人衆〟に数えられるまでとなった。

天正三年に小丸《こまる》城（現・福井県越前《えちぜん》市五分市《ごぶいち》町）を築城し、成政はここを根拠地とする。三万三千三百石、はじめて彼は大名となったわけだ。

そして天正八年九月、信長は成政を越中《えっちゅう》（現・富山県）へ移封。成政に越中一国の支配をまかせ、富山城を本拠地にするよう命じた（十万石）。

天正十年三月十一日、信長は甲斐《かい》（現・山梨県）の武田勝頼《かつより》を討つと、越前（現・福井県北部）に柴田勝家、加賀《かが》（現・石川県南部）に佐久間盛政《さくまもりまさ》、能登《のと》（現・石川県北部）に前田利家を配置。越後《えちご》（現・新潟県）の新発田重家《しばたしげいえ》に内応を誘い、謙信の後継者・上杉景《かげ》勝《かつ》包囲網を完成させる。成政の全神経は、上杉征伐にむけられていたといってよい。

ところが六月二日、主君信長は突然、本能寺に横死してしまう。

成政はなぜ信長が殺されたのか、なぜ明智光秀《あけちみつひで》が弑逆《しいぎゃく》をしたのか、まったく理解できず、おそらく途方に暮れたに違いない。

武人として、目前の合戦に勝つことのみを考えて生きていた成政にとっては、信長の死は〝晴天の霹靂《へきれき》〟であったろうし、おそらくは茫然自失《ぼうぜんじしつ》の日がつづいたかと思われる。

そうした成政を無視するように、山崎の合戦、清洲会議を経て、いよいよ信長の遺産相続をめぐって、羽柴秀吉と柴田勝家の一騎討ちが行われた。

この時、成政は越中にあって、信長の横死で勢いを盛り返してきた上杉景勝への備えに追われており、賤ヶ岳《しずがたけ》の戦いには自ら参戦していない。もっとも、成政は勝家の楽勝を信じて疑わなかった。なるほど、勝家配下の将兵は織田家最強の方面軍であった。負けるはずがない、と信じていた。頼みの勝家はそれでも敗れ、秀吉に気を配っていなかった成政は、次女を人質に差し出して、勝者の秀吉に降伏することになる。

秀吉は大気者らしくふるまい、越中一国は今までどおり成政に与えた。

武人が受け入れられなかったもの

だが、秀吉は成政を、成政は秀吉を、心の底では決して許してはいなかった。

秀吉のやり口に、成政は武士らしくないもの、いうところの〝卑怯《ひきょう》〟を感じていた。同じ不快は、勝家を裏切った前田利家には感じられたが、生き残るということでは、成政も自らの腹の底をひたすら隠すなり、消す努力をしてしかるべきであったろう。

しかし彼は、生粋の武人であった。しかも勝家亡きあと、織田家最強の武士を心中では自負していたはずだ。武略面でも、己れが秀吉に劣るとは考えもしなかった。機会さえ得られれば、かならず利家を倒し、秀吉を亡き者にしてやる、と佐々は心に念じていた。

天正十二年四月、小牧《こまき》・長久手《ながくて》の戦いが勃発する。再び反秀吉陣営＝徳川家康・織田信《のぶ》雄《かつ》連合軍側に荷担した成政の、謀叛を知った秀吉は、さすがに二度目とあって、九月十六日、人質の成政の次女と乳母を粟田口《あわたぐち》（現・京都市東山区）で磔刑《たっけい》に処した。

それでも成政は怯《ひる》まず、利家を相手に、さすがは――と思える善戦をしている。

この九月、家康も信雄も、本気で秀吉と雌雄を決する覚悟でいたようだ。

ところが十一月、突然、一方の信雄が秀吉と和議を結んでしまう。

成政にはおそらく、この事実が信じられなかったに相違ない。

と同時に、彼は秀吉の調略力をまったく理解していなかった。

けれども、己れの命運を握っているのが家康であることは、理解していたようだ。ならば、と成政は厳冬の北アルプスを越える、〝さらさら越《ご》え〟を決断、強行する。秀吉に悟られず、家康に会うために太平洋側に出るべく企てられたものであったろうが、このような無謀な計画を考え得た武将は、戦国広しをいえども、一人、佐々成政のみであったろう。

十一月二十三日、成政はさらさら峠（佐良《ざら》峠・立山《たてやま》連峰の中央部で標高二三四八メートル）、針ノ木峠《はりのきとうげ》（標高二五四一メートル）を越えて、籠川《かごがわ》（信濃川水系篭川）の渓谷を下り、大町《おおまち》（現・長野県大町市）に出た、と想定されている。

斯《か》く計《ばか》り替《かは》り果てたる世の中に
　知らでや雪の白く降るらん

成政はそう詠みつつ、橇《そり》に乗り、一路、家康と信雄のもとをめざした。正気の沙汰ではなかった。否、それほどまでに成政は、秀吉その人への怒りに燃え、その野望を生命《いのち》を懸けて阻止したかったのであろう。

〝さらさら越え〟でも果たせなかった悲願

十二月二十五日、遠江浜松城《とおとうみはままつ》（現・静岡県浜松市）へ、成政は到着。家康に会い、翌日には三河吉良《みかわきら》（現・愛知県西尾市）で信雄に拝謁し、ともに翻意を迫ったが、二人を説得することはできなかった。おそらく成政には、家康と信雄、そして自分が勝つための戦術計画《プラン》はあったのだろうが、秀吉のそれを阻止すべく信雄と和睦し、家康らを上回る広域な包囲網を、打ち砕く妙案は、さすがに持ちあわせてはいなかったに違いない。

なにしろ、家康ですら信雄を翻意させることができなかったのであるから。

成政は無念の足どりも重く、越中へ帰国する。

こうなれば、秀吉と合戦するしかない。成政は秀吉の越中出馬を必定と考えた。

四月に入って、前田軍との前哨戦がくりひろげられたが、戦いはほぼ引きわけ——。

いよいよ天正十三年八月、十万の兵を催しての、秀吉の京都出陣となった。

二十日には早くも富山城を包囲、一方の城には二万の将兵が籠城している。

成政はもはやこれまで、と観念し、剃髪《ていはつ》して秀吉の軍門にくだった。

しかし成政は、まだ秀吉を認めたわけではなかったのだ。秀吉の天下統一までには、叛旗を翻す機会はある、と成政は考え、方便としての降参をしたのである。

このあと彼は、妻子とともに大坂城に赴き、摂津国能勢《のせ》郡（現・大阪府能勢町および豊能町）に一万石を賜っている。秀吉は天下統一を急いでいた。ようやく家康にも、臣下の礼をとらせることに成功する。成政も、戦にかり出された。

その後、九州征伐に参戦した彼は、思いがけなくも肥後一国を秀吉から拝領して、隈本《くまもと》城（のち熊本城　現・熊本県熊本市）に入城することとなる。

だが、これは秀吉のワナであった。国人衆の一揆に遭い、翌天正十六年閏《うるう》五月十四日、その責任をとらされた成政は、秀吉に切腹を命じられる。享年、五十三（諸説あり）。

成政の抱きつづけた秀吉への敵意――これをやわらげ、中和させることはできなかったのだろうか。人間にはわかっているができない、ということがある。

もし成政が秀吉に、心の底から服従したならば、それこそ武人としての成政は死んでしまう。では、どうするべきであったか。富山城を包囲され、秀吉の軍門に下った段階で、彼は出家してしまえばどうであったろうか。日本ではいつでも、俗世に戻れた。

しばし休息をとって、天下の動きを第三者の立場で眺めてみてはいかがであったか。まったく異なった未来が、そこから見いだせたかもしれない。

戦国史にはその腕前を記録されながら、晩年定かでない武将は少なくなかった。石田三成の片腕・島左近《しまさこん》、宇喜多秀家《うきたひでいえ》の重臣・明石全登《あかしぜんとう》、僧でありながら毛利輝元の軍師、大名となった安国寺恵瓊《あんこくじえけい》など、成政がそうした人々の、仲間入りをしてもおかしくはなかったように思うのだが……。

知られざる補佐役 豊臣秀長の功罪

賢愚の定まらない宰相

豊臣政権の大黒柱・羽柴秀長は、〝大和大納言《やまとだいなごん》〟とも呼ばれていた。

豊臣秀吉の政権下で、この秀吉の実弟（異父弟とも）は大和郡山《こおりやま》（現・奈良県大和郡山市）に居城を構え、紀伊《きい》（現・和歌山県と三重県の一部）・和泉《いずみ》（現・大阪府南西部）・大和（現・奈良県）にまたがる、百十六万石を領有している。

秀吉臣下の大名としては、徳川家康に次ぐ存在であったといってよい。

ところが、「よくできた方であった」と秀長を評価する人のある一方、この人物は他の秀吉ゆかりの者たち──秀吉の姉・とも（瑞龍院日秀）の子や北政所（おね）の兄・木下家定の子ら──と同様、まったくの無能者であり、「語るに足らぬ」と断じた歴史家も少なくなかった。

なにしろ、諸書には秀長の各地における戦い、功績は記されているものの、その日常生活に言及したものは、ほとんどなかったのだから無理もない。

さて、この秀長の歴史の表舞台への登場だが、『信長公記《しんちょうこうき》』（太田牛一《ぎゅういち》著）では天正二年（一五七四）七月の、伊勢《いせ》（現・三重県の大半）の長島《ながしま》攻めからであった。

このとき、天文九年（一五四〇）生まれの説を採ると、秀長は三十五歳。三歳年上の兄・秀吉は、三十八歳になっていたことになる。

秀長の動きが、にわかに活発化するのは、秀吉が織田家中国方面軍司令官となって、播磨《はりま》（現・兵庫県南西部）平定に向かうようになってからのこと。

すなわち、天正五年十月二十三日、秀吉は京都を出陣するや、播磨国中の人質を取り、次いで丹波《たんば》（現・京都府中部と兵庫県東部）に入って竹田城（現・兵庫県朝来市）などを攻略するに到る。

中国方面軍司令官をつとめる秀吉の、東奔西走に対して、弟の秀長はもっぱら後方にあ

秀吉政権下、紀伊・和泉・大和の116万石を領有した秀吉の実弟・豊臣秀長。
秀長が存命ならば、秀次の悲劇はなかったか……

った点を留意しておく必要がありそうだ。

天正十三年夏、秀長は秀吉の名代として、四国討伐の総大将に任ぜられる。数少ない表舞台、それも晴れの大舞台であった。

八万余の軍勢を率いた秀長は、淡路島から鳴門《なると》海峡を渡海して、阿波《あわ》国土佐泊《とさどまり》（現・徳島県鳴門市）に到達する。

だが、当時、四国を席捲していた長宗我部元親《ちょうそかべもとちか》の、重臣・谷忠兵衛忠澄《たにちゅうべえただずみ》による頑強な抵抗に遭い、一宮《いちのみや》城（現・徳島県徳島市）は包囲二十日に及ぶも、依然、落ちなかった。

痺《しび》れをきらした秀吉が、自ら四国へ渡ろうとしたところ、珍しく秀長は兄に反発、手紙を送っている。

「ここは、自分に一任してほしい」

と。己れの面目を立てるため、はじめて天下人に近づいた秀吉に、自己主張を行った。

おそらくこの頃、秀長は一つの境地——自己の社会的立場を自覚するようになっていたのではあるまいか。

日本最初の統一政権＝豊臣家にあって、秀長はナンバー2の立場にあった。

その実力のほどを示さねば、政権そのものの鼎《かなえ》の軽重《けいちょう》を問われることになる。

また、政権が安定したのちの、自らの発言力が問われかねない。

それを慮っての、主張であったように思われる。

秀吉は秀長の言に従い、引きつづいての指揮をまかせ、四国征伐の目的を完徹させた。

その彼の、政権における立場と役割を如実に示したものに、大友宗麟から己《おの》が家臣へ宛てた書簡がある。

はるばる、宗滴《そうてき》（宗麟の別の号）の手をとられ候て、なにごともなにごとも、美濃守（秀長）かくの如く候間《そうろうあいだ》、心安かるべく候。内々《ないない》の儀《ぎ》は宗易《そうえき》（千利休《せんのりきゅう》）、公儀のことは宰相（秀長）相存《あいぞん》じ候。

天正十四年、薩摩・大隅を領有する島津義久が、大軍をもよおして押し寄せ、落日の宗麟の領する豊後と筑前・筑後を併合しようとする。

そのため宗麟は、大坂城の秀吉にこれを訴え出たのだが（同年四月五日）、このあと大坂城内を見学し、秀長の邸を表敬訪問してから宿所へ戻り、大友家の重臣・古荘丹後入道《こしょうたんごにゅうどう》ほか二名に宛てて、前出の手紙を認《したた》めたのであった。

秀長は誕生したばかりの豊臣政権内において、公的立場の秀吉を補佐する宰相の、重責を担っていたことは間違いない。

己れの命数を読んだか否か

結果論であるが、秀長の存命中、豊臣政権は微動だにしなかった。

それが天正十九年（一五九一）正月二十二日、この宰相が病《やまい》を得てこの世を去ると、ほどなく、並び称された千利休も均衡《バランス》を失って権力の座から失墜し、新興の〝五奉行〟と対立、挙句は失脚して、それに応じるように政権は、朝鮮出兵から関ヶ原の戦いへと、自壊の方向に突き進んでしまう。

享年を五十二としても、秀長の死は豊臣政権にとって、あまりにも早過ぎたといわねばならない。家康よりわずかに二歳年長の秀長が、いま少しこの世に在れば、少なくとも利休の切腹、のちの秀次《ひでつぐ》（秀吉の甥《おい》でその嗣子となり、関白となった）の悲劇は、未然に防ぎ得たように思われてならない。

そのかぎりにおいて、秀長はやはり優れた補佐役であった、といえそうだ。

中国の古典『荘子《そうじ》』（内篇）に、理想の人物として、次のような記述があった。

「世を挙《こぞ》って之《こ》れを誉《ほ》むれども、勧《すす》むることを加えず。世を挙って之れを非《そし》れども、阻《はば》むことを加えず」

文意は、なかなか深いものがある。

「この人は世間中が挙って、自分を称えたからといって、それでもって大いに励み勇んで、仕事に邁進することはない。が、反対に、世をあげて自分をけなそうとも、そのために、意気がくじけるかといえば、そういうこともなかった」

となる。

つまり、世の毀誉褒貶《きよほうへん》に心を動かされなかった人物、ということになろうか。

秀長は己れに課せられたナンバー2の役割、分限を篤実《とくじつ》に守って堅実にこなし、ぶれるということがなかった。

賢愚《けんぐ》正反対の評価を受けた豊臣秀長という人は、そういう人物ではなかったろうか。

ただ一つ、彼に失敗があったとすれば、後任のナンバー2として、のちの関白となる秀次を、それにふさわしい人物となるよう育成し、その至《いた》らなさを補うべく、賢臣名将を補佐に用意することを怠った点であろう。

これは意外に、秀長にとっての急所であったかもしれない。

自らは兄・秀吉を助けるため、懸命に蜂須賀正勝《はちすかまさかつ》（小六《ころく》）、竹中半兵衛《たけなかはんべえ》、黒田官兵衛《くろだかんべえ》らに学んだものの、後継育成について、秀長が具体的に何かを行ったということは伝えられていない。

なるほど、藤堂高虎《とうどうたかとら》を一人前の武将に育てたのは秀長といってよい。

だが、その高虎にあとを託した自らの後継＝養子の秀保《ひでやす》は箸にも棒にも掛からない、まったくの愚物であった。十七歳で若死にし、一説に毒殺説すらあった。

のちの〝五大老〟〝五奉行〟の制度が相談される中にいたであろう秀長は、秀吉の身内をことごとく〝未熟〟と考え、選《よ》りすぐられた人々＝豊臣恩顧の人々による政権運営を、すでに考えられていたのであろうか。

もしそうであったならば、秀長という人は、やはり立派な人物といえよう。

進展をつづける組織に、完璧な人事はない。豊臣政権の〝五大老〟〝五奉行〟の失敗は、それこそ秀長のせいではなかったのだから。

頭を使って土佐一国を手に入れた山内一豊の泣きどころ

〝内助の功〟は創り話⁉

槍一筋で土佐《とさ》一国（現・高知県）二十万二千六百石余の大名に成りあがった戦国武将・山内一豊《やまうちかずとよ》――彼には〝良妻〟による、〝内助の功〟の伝説が語り継がれてきた。

結婚したおり持参した「鏡奩《かがみばこ》」に秘した黄金十枚を使って、夫・一豊のために名馬を購《あがな》い、主君の織田信長の馬揃えで面目を施し、それによって一豊は一躍、出世の糸口をつかむ、といった挿話である。

――もとより、これは史実ではない。創り話といってよかった。

なにしろ信長の時代、黄金そのものが国内では流通しておらず、そもそも「金」では馬は買えなかったのである。かりに物々交換で購入できたとしても、信長の馬揃えは天正九年（一五八一）二月、京都で行われていた。

この頃、一豊は妻のヘソクリがなければ、名馬とはいえ馬一匹が買えなかったとは思えない。彼はすでに、二千石の収入を得ていたのだから。

さらに歴史的にみて、一豊は信長の家臣ではなかった。

なにしろ彼の父・盛豊《もりとよ》は信長に敵対した尾張上四郡の守護代・岩倉《いわくら》織田家の家老であり、一豊の兄・十郎《じゅうろう》と共に、信長によって殺されている（異説あり）。

まさかいくらなんでも、仇《かたき》のもとに一豊は仕官はしまい。彼は信長を倒すべく、織田家周辺の大名家での仕官を目指したが、うまくいかず、信長の家臣とはいえ毛色の違った木《き》下藤吉郎《したとうきちろう》（のち豊臣秀吉）に仕えており、信長からすれば、〝又《また》もの〟といわれる陪臣《ばいしん》（家来の家来）であった。

先の〝内助の功〟の話は創り話だが、挿話の原型は存在している。

信長の北陸再攻＝天正元年のこと。一度、越前の朝倉義景を攻めながら、義理の弟でもあった北近江の浅井長政《あざいながまさ》の裏切りに遭い、金ヶ崎《かねがさき》（現・福井県敦賀市金ヶ崎町）で袋の鼠《ねずみ》

上杉攻めから関ヶ原に反転する小山評定で、機知に富む提案をした山内一豊。
これにより、徳川軍は停滞なく西へ攻め上がれた

となった信長は、京都へ逃げ戻ると再度、朝倉氏を攻めることになる。

この年に結婚していた一豊は、妻のためにも功名をあげようと、分不相応に多くの家来を抱えており、実はこの時、その給与に困り、

「もはや死ぬしかないか」

と思いつめる情況に追いつめられていた。この時である。妻が「鏡奩」を開いて、「黄金三枚」を取り出し、物々交換で夫の窮状を救ったというのだ。

――こちらは、出どころの確かな話である（『治国寿夜話《ちこくことぶきやわ》』）。

おかげで支障なく合戦に参加した一豊は、同年八月十四日の刀禰坂の戦いで、越前朝倉家にあって聞こえた部将・三段崎勘右衛門《みたざきかんえもん》を討つ大武功をあげる。

加増を受け、近江国唐国《からくに》（現・滋賀県長浜市唐国町）において四百石取りとなった。

もし、妻の内助の功がなければ、この加増まで辿《たど》りつけたかどうか――。

その後、主君の秀吉による天下取りに従い、一豊も累進していく。

秀吉の死後の、関ヶ原の決戦前夜には、一豊は遠州掛川《えんしゅうかけがわ》（現・静岡県掛川市）に六万石を領する豊臣恩顧の大名になっていた。

その関ヶ原についても、いよいよ明日は下野小山《しもつけおやま》（現・栃木県小山市）で軍議が催され

るという前日の七月二十四日、一豊の許に夫人からの文箱《ふばこ》が届く、〝賢妻伝説〟が語られて来た。

夫人は文箱をあける前に、遣いの笠の緒に縫《よ》り込んだ密書を、まずは一豊に読ませる。それには妻の直筆で、「大坂のこと（留守）はご心配なく、家康さまに忠節をお尽くし下さい」と書かれていたという。一説に、文箱はあけずにそのまま家康に差し出せとも。

一豊は文箱の中味が、この密書と同じものと察したかもしれない。文箱を開封せずに、家康に届け出た。別の説に石田三成からの、西軍への荷担を説いた密書が入っていたともいうが、いずれにせよ一豊は、家康に二心のないことを証明したことになる。

家康は一豊の、この好意と忠誠にいたく感激し、戦後いちはやく土佐一国の主《あるじ》に抜擢《ばってき》したという。これまた後世に、「笠の緒の文」の逸話として伝えられる〝内助の功〟であった。

しかしながら、史実の一豊の最大の功績は、妻の密書に助けられてのものではなく、家康の命運を決する「小山評定《ひょうじょう》」における、一豊の機知に富んだ発言にあった。

土佐一国を弟の子にゆずる

そもそもこの時、のちに東軍の総大将となる徳川家康は、豊臣家の五大老筆頭として、同じ五大老の上杉景勝を討つべく、上杉征伐軍を率いて、その途次にあった。

ところがそこへ、石田三成を主将とする西軍の決起が伝えられる。その兵力は上杉征伐軍と五分《ごぶ》(互角)どころか、大きく上回っているというではないか。

三成の背後には主君秀頼《ひでより》(秀吉の忘れ形見)がいる。さて、どうしたものか。軍議の席上、まず福島正則《ふくしままさのり》が三成を討つことを表明。秀吉の従兄弟である正則が戦うとなれば、秀頼を担ぐ西軍(背後に豊臣家がある)であっても、心に負担を感じずに戦うことができる。

皆がホッとした、まさにその時であった。やおら一豊が立ち上がり、吼《ほ》えた。

「東海道を馳《は》せのぼるには、城と兵糧が必要でござろう。それがし、居城掛川を内府《だいふ》(家康)殿に明け渡し、進呈申し上げる」

それを聞いた諸侯は一呼吸遅れて、一豊の発した言葉の重大さを悟る。彼ら東海道筋の大名たちは、いずれも争って一豊同様に、城と兵糧を提供する旨を家康に願い出た。

これらの城は、もとはといえば秀吉が、関東に移した家康への押えとして配置したものであり、関ヶ原の前夜のこの時点でも、家康には自由にする権限などなかったのだ。なにしろ身代の大きさは別にして、皆、豊臣家の大名であったのだから。もし、三成たちを討つべく反転しての西進に、家康が時間を費やすれば、畿内の情勢はその分、彼にとって、より厳しいものとなったであろう。

このおりの一豊の発言は、それを救うとともに、多くの大名たちが家康の家来となったことを意味していた。これは決して、一豊の妻から助言《アドバイス》を受けたものではなかった。が、『藩翰譜《はんかんふ》』（新井白石《あらいはくせき》著）にはこの発言、浜松城主となっていた堀尾忠氏《ほりおただうじ》の発案したことを、事前に聞いていた一豊が、横取りし、先に述べた旨が記録されていた。

いかなる急場にあろうとも、図太くなにかを摑《つか》んで、あるいは災いを転じて福とする人物はいるものだ。同じ勝ち馬に乗るにしろ、積極的に荷担するか否かでは、成果に大きく差のできる事実を、一豊はわれわれに教えてくれる。

もちろん、そのためには常日頃からの、情報収集と分析が必要不可欠であった。おそらく一豊の情勢分析には、夫婦の協力関係《パートナーシップ》も大きな力を発揮したに違いない。否、外に出て戦う武士が家内のことに足を取られていては、十二分な働きはできない。

立身出世する男（夫）には、それを支えてくれる女（妻）がいるもの。

ただし、一豊は妻を頼りにするところが多く、その懸命な助力に頭のさがる思いがしたことから、いつしか愛妻は恐妻となり、大名家にとって何よりも大切な世継《よつぎ》の問題でも、大っぴらに側室をもつことがはばかられ、もしかしたら一豊の隠し子ではないか、と思われる捨て子も、妻の手によって育てられた。そしてそのまま、僧籍に入れられてしまっている。このことについて、一豊は何も抗弁した様子がない。

結局、土佐藩山内家は、一豊の弟・康豊《やすとよ》の子である忠義《ただよし》が、二代藩主としてその跡を継いでいる。このことに関して、一豊の心中はいかばかりであったろうか。

一豊は慶長十年（一六〇五）九月二十日、六十一歳（異説あり）の生涯を、満足しつつ閉じていた。その妻はそれから十二年、長く生きたという。

白楽天《はくらくてん》の「太行《たいこう》の路《みち》」の一節に、「人生婦人の身に作ること莫《なか》れ。百年の苦楽他人《くらくたにん》に由《よ》る」（人間は女に生まれるものではない。一生の苦楽もひとえに、その夫しだいなのだから）というのがあった。

さて、一豊の妻はこの一節に賛同されたであろうか。それとも反論されたであろうか。

本能寺の変後も生きていた⁉ 織田信長の正室 濃姫

謎多き戦国姫

戦国武将・明智光秀が、尾張と美濃を併合した織田信長に、将軍候補の足利義昭《あしかがよしあき》（のち室町幕府十五代将軍）を会わせたおり、

「実は、私は信長公の正室の従兄妹にあたります」

と口にして、それを信用手形とした挿話が、江戸時代に書かれた軍記物《ぐんきもの》（歴史小説）の『明智軍記』にある。無論、裏づけるものはない。

そもそも光秀の、信長の許に出仕するまでの存在証明《アリバイ》は、同時代の史料に全く出てこな

い。光秀が美濃にゆかりのあった人物らしいことは、その編成した明智軍団に美濃出身の武士が多かったことから、ある程度は推測はできるのだが……。

さて、信長の正室である。彼女は江戸時代の地誌『美濃国諸旧記』に「帰蝶《きちょう》」とある女性で、天文元年（一五三二）に土岐頼芸《ときよりなり》の媒酌で、のちに美濃守護代から国を奪うことになる長井新九郎《ながいしんくろう》（のち斎藤道三《さいとうどうさん》）と婚礼した、小見《おみ》の方が同四年に生んだ、女子だと伝えられている。

おそらく光秀は、美濃土岐氏の支族・明智氏から、小見の方が出たこと、彼女が〝濃姫〟を生んだことは知っていたのだろう。いずれにせよ、この戦国姫は信長のもとに嫁いだものの、実は初婚ではなく再婚だった。

彼女ははじめ、土岐頼純《よりずみ》（政房《まさふさ》の子・頼芸の兄）の子「土岐二郎《じろう》」こと頼充《よりみつ》（父と同じ頼純を名乗ったとも）に嫁いだが、天文十六年十一月に、頼充が二十四歳の若さで死んだため、一度、道三のもとに戻った。

その後、改めて同十八年に信長のところへ嫁いだという（ただし、二郎の没年を天文十八年十一月十七日とする説もあり、頼充を頼純と同一人物だとする説もある）。

なるほど、政房の子・頼純も同じ年の同じ月に亡くなっているが、こちらは四十九歳で

本能寺の変で信長が横死した後も、「安土殿」と呼ばれ、
信長・秀吉・家康の時代を見て、78歳まで生きた。右は父親の斎藤道三

あった。もし、同一人物であったならば、濃姫は父の命令とはいえ、年のはなれた人物に嫁がされたことになる。

天文十七年秋、信長の父・織田信秀と道三との間で和睦が成立。濃姫と信長は政略結婚することになった。その輿入《こしいれ》は、翌十八年二月二十四日とされている。

信長に嫁ぐおり、父の道三から短刀を贈られ、「婿殿がたわけなら、これで刺せ」といわれ、「もしもそうでなければ、この短刀は父上を刺すことになるかもしれませぬな」と濃姫が答えた逸話は、世に知られている。

ところが、『信長公記』などの史料には、その後、濃姫のことが出てこない。

ただ、斎藤家の菩提寺の常在寺《じょうざいじ》（現・岐阜市梶川町）に、彼女が寄進した父・道三の肖像画が残っていて、肖像には弘治二年（一五五六）四月二十日没と、道三が子の義龍《よしたつ》と戦って死んだ日が記されていた。

とすれば、濃姫は道三が死んだこの日までは、間違いなく生きていたことになる。

また野史の中には、〝本能寺の変〟のおりに、辻《つじ》ヶ花《はな》の小袖を着て、白い柄《え》の薙刀《なぎなた》を小脇に抱え、明智勢を相手に獅子奮迅の働きをし、壮烈な最期《さいご》を遂げた女房に「お能の方」という女性がいたとあり、この信憑性《しんぴょうせい》に乏しい記述を根拠に、濃姫が本能寺で信長と一緒に死んだ、と述べた小説もあった。が、これは早合点というものである。
お能と濃姫は全くの別人であり、濃姫はその後も長く生きていた。

正室の役割を果たしていた濃姫

道三が戦死したその翌年、生駒家宗《いこまいえむね》の娘・吉野《きつの》（吉乃）が信長の嫡男・信忠《のぶただ》を産んでいる。もし、濃姫が急逝していたものであれば、吉野は信長の正室となり得たはずだが、彼女は生涯、側室「生駒氏」にすぎなかった。

信長の結婚について、尾張の土豪《どごう》・前野家の古文書をまとめた『武功夜話《ぶこうやわ》』には、夫の戦死で後家となった吉野が実家に戻り、信長の手がついたとあり、濃姫との縁組は、弘治元年頃で、吉野妊娠の一件は秘密にされ、天文二十四年正月（十月二十三日に「弘治」へ改元）に、彼女は信忠を出産したという（弘治三年生まれとも）。

つまり、信長が濃姫と結婚したときには、すでに長男信忠が、生駒家宗の娘・吉野の腹にいたことになる。

しかも、吉野が信忠を出産したのは天文二十四年正月——信長は濃姫と結婚してからも、吉野との関係をつづけ、次男・信雄、長女・徳姫《とくひめ》（五徳《ごとく》）をもうけたことになる。『武功夜話』を信じれば、『信長公記』の天文十八年結婚説が崩れるばかりでなく、濃姫との結婚生活そのものにも疑問が湧いてくる。

それにしても、信長の子を三人産んだ吉野であるにもかかわらず、彼女は正室の座に座ることはなかった。

なぜか。ほとんど足跡を残さずに生きた濃姫は、信長にとって実に大きな存在であったからだ。信長が〝天下布武〟を唱えることが可能となったのは、自らの尾張に美濃を併合してからのことであった。この隣国＝美濃を婿の信長に譲る、と一文したためたのが、濃姫の父・道三であった。

見方を変えれば、濃姫は、道三が信長に与えた「美濃国譲り状」の、生きた保証そのものであったといえる。

その政治上の価値を考えても、信長は決して濃姫を粗略《そりやく》には扱えなかったろう。

道三の孫で義龍の嫡子である龍興《たつおき》は、信長に敗れて美濃の国を追われたとはいうものの、越前朝倉氏を頼って亡命しており、龍興がこの世を去ったのは、朝倉義景が滅亡した天正元年（一五七三）のことであった。

この間、美濃の武士たちを、信長につなぎ止める役割を担ったのが、濃姫であった。

――彼女が信長を、やり込めたという実話も残っている。

道三の息子・義龍の後家が、所持する茶器を、信長が取りあげようとしたことがあった。それを知った濃姫は、そのようなことをすれば、「(私の)兄弟女子十六人(が)自害」しますよ、と信長に詰め寄り、それを聞いた信長がタジタジとなって、茶器を断念した、と『言継卿記《ときつぐきょうき》』は述べていた。これはおそらく、史実であったろう。

日本の中世における女性の権威は、その実家とイコールであった。併合した美濃の経営に、神経を使っていたであろう信長は、その象徴ともいうべき濃姫の、権威を借りることもしばしばあったに違いない。決して粗略になど、扱えなかったろう。

むしろ大切に保護し、何不自由なく、濃姫の思いのままにさせていたはずだ。

彼女は、信長の子供を産んでいない。これだけが失点のようにも思われるが、美濃全体の〝母〟でもある濃姫は、織田家の美濃の旧臣たちに守られながら、実は、信長の死後も長く生きていたのである。

『泰巌相公縁会名簿《たいがんしょうこうえんえみょうぶ》』(織田家の過去帳)と『総見院之図面《そうけんいん》』(織田家墓所の見取図)に拠れば、濃姫の没年月日は「慶長十七年(一六一二)七月九日」であることが判明している。

法名を「養華院殿要津妙玄大姉《ようかいんでんようしんみょうげんだいし》」と称し、さらにはその墓所は京都市北区の大徳寺総見《だいとくじそうけん》院《いん》にあることも、明らかとなった。

本能寺の変で夫・信長が横死したおり、濃姫は安土《あづち》城（現・滋賀県近江八幡市）にあり、蒲生賢秀《がもうかたひで》―氏郷《うじさと》父子によって救出され、その後は「安土殿」と呼ばれつつ、信長の息子で生き残った次男・信雄の許に長くあったようだ。

信雄は家康の関東入封に際して、家康の旧領へ転封するように秀吉に命じられたものの、これを拒否して下野烏山《からすやま》（現・栃木県那須烏山市）に配流《はいる》となり、出家したものの、その後、家康の斡旋で秀吉に再出仕し、その相伴衆《しょうばんしゅう》に加えられている。濃姫の生活には、さほどの変化はなかったようだ。彼女の享年は、一説に七十八と伝えられる。

濃姫は、夫の家臣であった豊臣秀吉、夫の同盟者であった徳川家康――その二人の天下も見ていた。それらを見ながら彼女は、破天荒だった夫をどのように回想したであろうか、ぜひにも聞かせてもらいたかったが……。

拝謁たまわれば、冷ややかに目線を送られて、こちらはただ畏《かしこ》まって、平伏したまま終わったかもしれない。

著者

加来耕三 （かく　こうぞう）

歴史家・作家。大阪市生まれ。奈良大学文学部史学科を卒業後、奈良大学文学部研究員を経て、現在は大学・企業の講師を務めながら、著作活動に勤しんでいる。内外情勢調査会講師。中小企業大学校講師。政経懇話会講師。著作は『教養としての歴史学入門』（ビジネス社）、『徳川家康の勉強法』（プレジデント社）、『家康の天下取り』（つちや書店）、『歴史の失敗学 25人の英雄に学ぶ教訓』『鎌倉幕府誕生と中世の真相 歴史の失敗学2―変革期の混沌と光』（日経BP）など多数。

戦国武将と戦国姫の失敗学

歴史の失敗学3 ―― 乱世での生き抜く術と仕舞い方

2023年10月10日　第1版第1刷発行

著　者	加来 耕三
挿　画	中村 麻美
発行者	北方 雅人
発　行	株式会社日経BP
発　売	株式会社日経BPマーケティング
	〒105-8308　東京都港区虎ノ門4-3-12
装丁・レイアウト	中川 英祐（トリプルライン）
作図	小川 哲周（オゾングラフィックス）
印刷・製本	大日本印刷株式会社

本書籍に関するお問い合わせ、ご連絡は下記にて承ります。
https://nkbp.jp/booksQA

　ISBN978-4-296-20185-3

好評既刊

歴史の失敗学

25人の英雄に学ぶ教訓

ISBN978-4-296-10428-4
定価：1760円（10%税込）
発行：日経BP
発売：日経BPマーケティング

渋沢栄一と明治の起業家たちに学ぶ

危機突破力

ISBN978-4-296-10839-8
定価：1760円（10%税込）
発行：日経BP
発売：日経BPマーケティング

鎌倉幕府誕生と中世の真相

歴史の失敗学2——変革期の混沌と光明

ISBN978-4-296-11171-8
定価：1980円（10%税込）
発行：日経BP
発売：日経BPマーケティング